葉山考太郎
Kotaro Hayama

30分で
一生使える
ワイン術

ポプラ新書
073

はじめに

　ワインを勉強して彼女にイイ格好をしたい、仲良しグループとの海外旅行で高級レストランに行きカッコよくワインを選びたい、ソムリエと対等に話をしたいと思う人は物凄く多い。「イイ格好をする」は、ワインに入るきっかけとして、健全で真っ当だ。問題はワインの勉強が超難しいこと。「ワインを勉強しよう」と思い立って本屋に行き、入門書のページをめくると、オビに「気軽にワインを飲もう」と書いた本に限って、「ACパストゥーグランは、ガメイが2／3でピノ・ノワールが1／3です」みたいな暗号文が書いてある。

　なぜ、こうなるのか？　ワイン関係者は、みんな超真面目なので、系統立てて網羅的にワインを解説しなければと考えているためだ。こんなワイン本は、例えば、アメリカの入門本を書く場合、50州全てをカバーして、歴史、気候、

産業を詳細に紹介するようなもの。そんな本は、資料として貴重だが、情報が多すぎて覚え切れない。私がアメリカの本を書くなら、アメリカの顔、ニューヨークに的を絞る。ニューヨークが分かれば、あとの市町村は自分で楽しく迷いながら勉強すればいい。ワインも同じで、全体を網羅して覚えるには、ワイン学校に行き、修行僧のように滝に打たれて1年みっちり学習する必要がある。これでは、明日のデートや来週のヨーロッパ旅行に間に合わない。しかし「ニューヨーク」に相当するワインのポイントを押さえれば、一夜漬けでソムリエと対等に話ができるし、自分の飲みたいワインも探せる。

ワインの世界は、初心者からすれば、おフランス語がやたらに出てくるし、蘊蓄《うんちく》が多いし、超高価だしと、物凄く敷居が高い。本書は、ワインに対するそんな「恐怖心」を取り払うことが最大の目的だ。恐怖心がなくなると、ソムリエもワインショップの店員も、客の味方であることが分かるし、「威張っていても、ワインは所詮、腹の中に入れるもの」と余裕を持てるようになる。

本書では、情報を厳選し、蘊蓄は必要最小限に留めた。キーワードを理解できれば、ワインが分かったつもりになる。本書を読んでレストランやワイン店へ出かける頃には、ワインの軸が自分の中にできているので、ワインという大海原へ一人で漕ぎだし楽しく遭難できるし、胸を張ってソムリエやワインショップの店員と話せる。そうなれば、ワインが楽しくて仕方なくなる。

ようこそ、ワインの世界へ。

30分で一生使えるワイン術／目次

これだけは
覚える編

イェイ!
イェイ!
イェイ!
ワイン
(リスと)

グル
グル
ワインリスト
これだけあると目が回ります…

じっくり楽しむ編

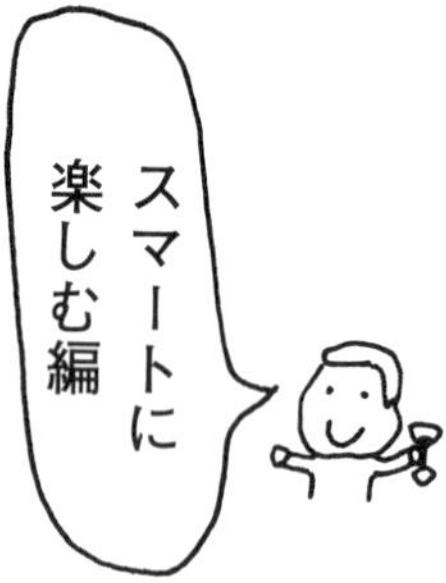
スマートに
楽しむ編

第3章 レストランにて

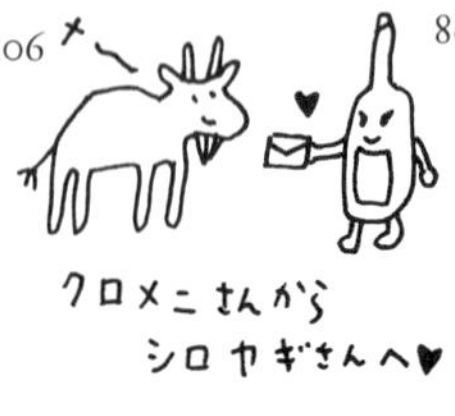
クロメニさんから
シロヤギさんへ♥

第4章 とことん楽しむ編

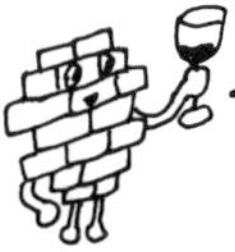

第5章 もっときわめる編

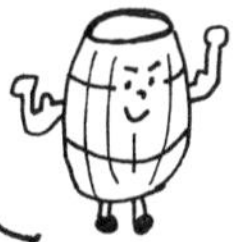

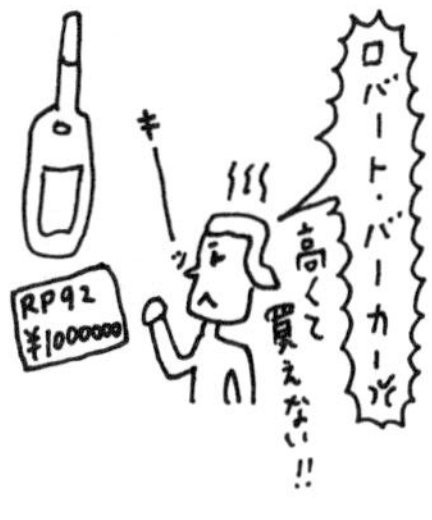

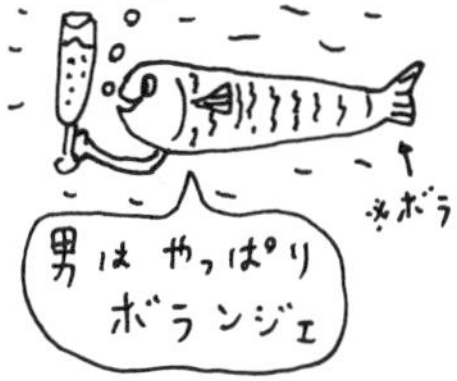

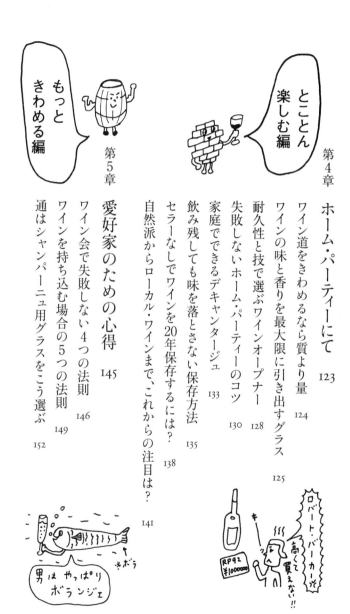

付録

第1章　ワイン通、5つのキーワード

ワインの個性は5つのキーワードから

オシャレな雑誌や本では、ワインを取り上げることが多い。そんなワイン特集で、必ず出てくる基本知識の中で、最重要項目は、①赤と白の違い、②ブドウの品種、③国別ワインの特徴、④ボトルの形、⑤ラベルの読み方の5つだ。この5つさえ押さえれば、そのワインがどんな味や香りで、価格は大体いくらぐらいなのかも分かる。自分の飲みたいワインを簡単に探せるのだ。

これは人間も同じ。例えば、プロフィールで、「34歳の男性です。神奈川県出身、東京在住で、保険会社に勤務するサラリーマンです（年収520万円）。身長175㎝、体重78kg、筋肉質のガッチリ体型です。明るく誠実な人柄で趣味は競馬です」と書いてあって、写真が添えてあると、「お付き合いしてもイイかなぁ」とか、「うわ、これじゃ無理」と判断できる。

それと同じで、この5つのキーワードから、ワインの特徴が一発で分かる。「このワイン、初めてだけど飲んでみたい」とか、「ゲゲ、多分、これ嫌いだろうなぁ」などと簡単に判断できるのだ。これらのキーワードを意識しながら飲むと、「ア

ワインの個性を決める5つのキーワード

1 赤と白の違い	人間を男と女に分類できるように、ワインの基本は、赤と白。赤と白の違いは、渋み。だから、「白ワイン＋渋み＝赤ワイン」なのだ。なお、ロゼは赤ワインの一種。
2 ブドウの品種	ワインでのブドウ品種は、料理の食材に相当する。世界中に数万種類あるが、「カベルネ・ソーヴィニヨン」「メルロー」「ピノ・ノワール」「シャルドネ」の4つを覚えておけば、十分ハッタリがきく。
3 国別ワインの特徴	同じブドウを使っても、栽培する国の気候や地形、土壌が違うと、できるワインの味は異なる。一般に、南方のワインはジャムのように甘く、北方系は酸味がシャープ。
4 ボトルの形	世界的な傾向として、同じブドウ品種のワインは、同じ形のボトルに入れる。だから、ボトルの形からブドウの品種が予想でき、味わいや香りが想像できるのだ。
5 ラベルの読み方	ラベルは、ワインの履歴書。膨大な情報やデータがあの小さいラベルに書いてある。ラベルをキチンと解読するには1年以上の修業が必要だが、一夜漬けで覚えられるポイントを知っておけば十分。

タシは、エレガント系で、酸味がスッキリした香り高い赤が好きなの」と自分の好みがハッキリ分かる。レストランやワインショップでワインを選ぶ場合、このキーワードを知っていれば、ソムリエや店員と対等（以上？）に話ができるのだ。

赤白の違いは渋みにあり

人間が男と女に分かれるように、ワインを分類すると赤と白になる。目で見て分かるので、この分類は超簡単。味は、「白ワイン（酸味）＋渋み＝赤ワイン」だ。調味料なら、白ワインが塩で、赤ワインが味噌。味噌が塩を含むように、赤ワインには白の要素が全て入っている。

ブドウには、皮の黒い黒ブドウと、白い（実際には、緑色の）白ブドウがある。黒ブドウを潰して皮や種ごと発酵させると、皮の色素と種の渋みが溶けて赤ワインになる。白ブドウを搾って、皮や種のない透明なブドウ・ジュースを作り、発酵させると白になる。ロゼは、皮を早めに引き上げた「色の薄い赤ワ

ワイン造りのプロセス

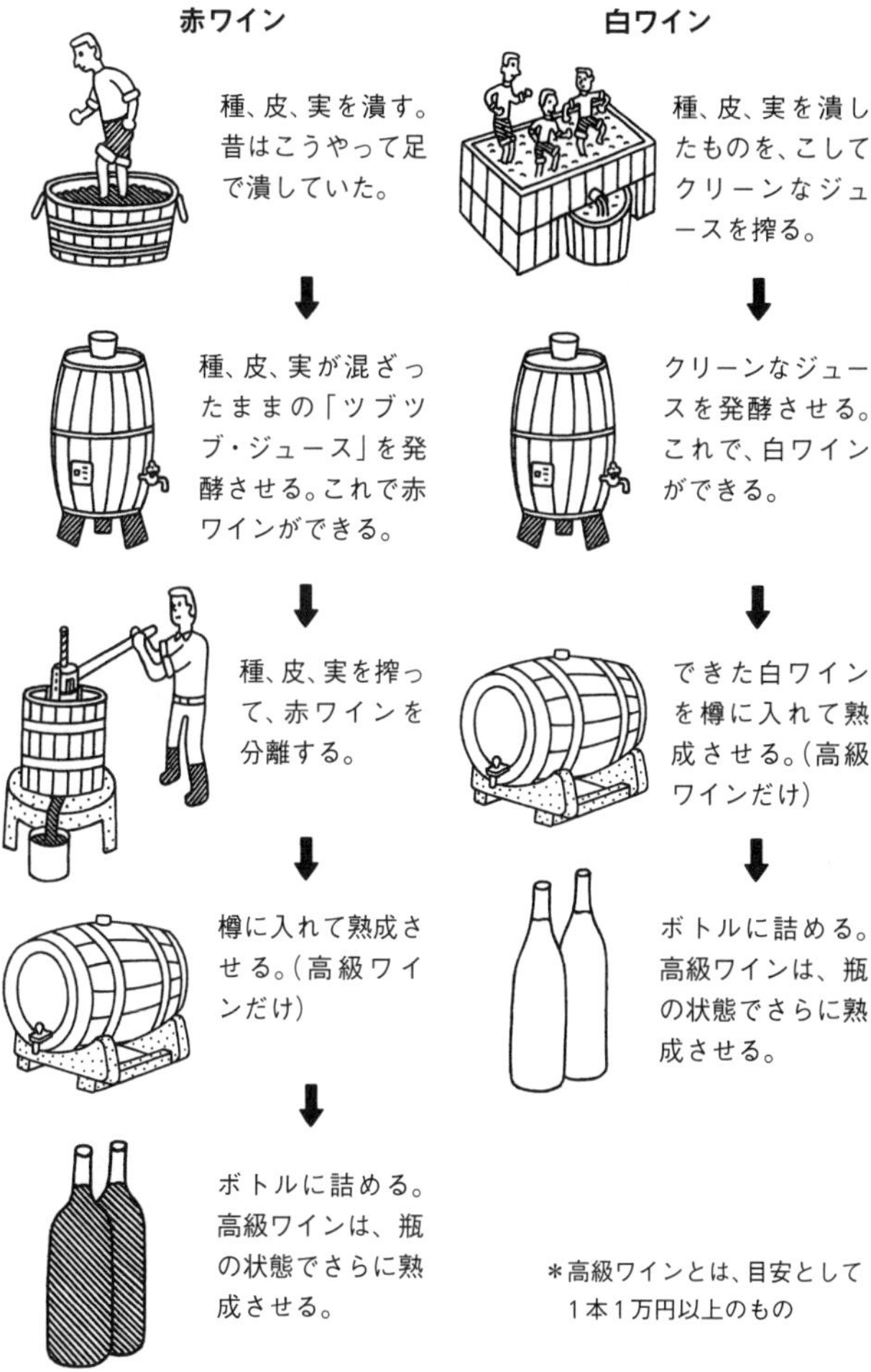
赤ワイン
種、皮、実を潰す。昔はこうやって足で潰していた。
種、皮、実が混ざったままの「ツブツブ・ジュース」を発酵させる。これで赤ワインができる。
種、皮、実を搾って、赤ワインを分離する。
樽に入れて熟成させる。（高級ワインだけ）
ボトルに詰める。高級ワインは、瓶の状態でさらに熟成させる。
白ワイン
種、皮、実を潰したものを、こしてクリーンなジュースを搾る。
クリーンなジュースを発酵させる。これで、白ワインができる。
できた白ワインを樽に入れて熟成させる。（高級ワインだけ）
ボトルに詰める。高級ワインは、瓶の状態でさらに熟成させる。

＊高級ワインとは、目安として
１本１万円以上のもの

イン」で、浅漬けのお漬け物みたいなもの。だから、ロゼは赤ワインの一種だ。
世の中のワイン愛好家は、なぜか、白ワインより赤ワインを一生懸命集める。なぜ、赤がエラい（ように見える）のか？　「味噌」である赤ワインの方が「塩」の白ワインより、香りや味が複雑であること、赤ワインの方が圧倒的に長期熟成するので、寝かせる楽しみがあり、「30年寝かせました」と威張れるし、古酒には財産的な価値がある。赤が威張っている理由はこんなところ。別の見方をすれば、白ワインはピアノ独奏で、赤ワインは、70人のオーケストラをバックに演奏するピアノ協奏曲みたいなもの。焼き鳥なら「塩」対「タレ」。なので、白の方がスタイリッシュでカッコイイとも言える。要は、好みの問題だ。

知っておくブドウ品種は4つだけ

食材で料理が決まるように、ブドウの品種でワインの香りと味が決まる。ワイン愛好家は、ブドウの品種の話が大好き。2万種とも3万種ともいわれるブドウの中で自分の好きな品種の自慢をし、嫌いなブドウをけなして、楽しく言

赤ワインのブドウは3つだけ覚えればよい

赤ワインを単純に分類すると、ドッシリとして渋い「ボルドー系」と、エレガントで香り高い「ブルゴーニュ系」になる。

世界には数万種類のブドウがあるけれど、赤ワイン用のブドウ品種は、ボルドー系の2種類、ブルゴーニュ系の1種類、合計3種類で十分なのだ。

●ボルドー系のブドウは「カベルネ」と「メルロー」の2つ

世界の熱烈ワイン愛好家の80%がボルドー系のドッシリした赤を好む。ボルドー系のブドウの代表が、渋くて濃厚なカベルネ・ソーヴィニヨン（略称、カベルネ）だ。同じボルドーでも、エレガント系もある（カベルネと比べた場合で、ブルゴーニュと比較すると重い）。この柔らかいワインの素になるのが、メルローという繊細なブドウ。カベルネとメルローのブレンド比率で軽くなったり重くなったりする（カベルネが70%を超えると重いと思ってよい）。

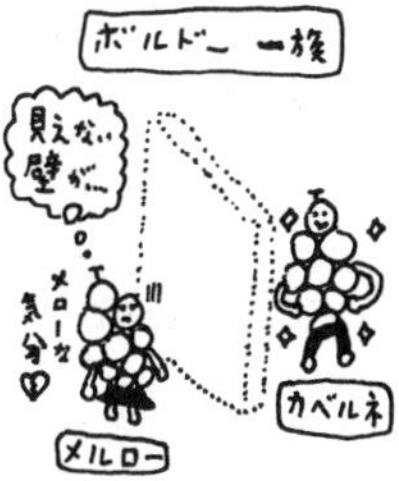

●ブルゴーニュ系のブドウは「ピノ」だけ

ボルドーより圧倒的にマニア度が高いのが、セクシーで官能的なブルゴーニュ系の赤だ。色が鮮やかで渋みが少なく、すっきりした酸味があり、香りが高い。ブルゴーニュは、ピノ・ノワール（略称、ピノ）という品種しか使わないので、レストランでソムリエに、「ブルゴーニュ系のエレガントな赤を飲みたい」と言えば、ブドウの品種の話は必要ない。

白ワインのブドウは「シャルドネ」だけ

赤ワインのブドウは３つだったが、白はもっと単純。白ワインの品種もいろいろあるが、人気投票ではシャルドネが圧倒的に「一人勝ち」。
辛口で食事によく合い、世界中で造ることができる「国際品種」。超高級ワインから並級までいろいろなワインができるのが大人気の秘密だ。

●白はキリッとした「シャルドネ」

「世界４大高貴種」ブドウのうち、白ワイン用がシャルドネとリースリングだが、シャルドネは圧倒的な人気を誇る女王様のような存在だ（4大高貴種ブドウの赤用は、カベルネとピノ・ノワール）。シャルドネは、キリッと辛口の白になるので食事によく合う。リースリングは、ドイツの白のように、アルコールが低くて少し甘いメルヘン系ワインができる。

ワイン通には、「白は超辛口か超甘口しか飲んじゃだめ」とのヘンな不文律がある。食事中は超辛口を飲み、食後、カチカチに冷やした超甘口の白をグラス１杯だけ飲むことが多い。「中途半端に甘い」→「コーラみたいな甘い飲み物で飯が食えるか！」→「食事に合わないだろ」と考える愛好家が多いため、リースリングは偽ワイン通の間では人気がない。鍋や中華やタイ料理には、よく冷やしたリースリングが絶妙なので、ぜひ試してほしい。

レストランで「シャルドネの白を下さい」と言えばそれらしいし、変化球として、「シャルドネ以外で、辛口の白を下さい」と頼むと妙にワイン通っぽい。

い争って盛り上がる。これは、時間とお金と人間関係を犠牲にワインに入れ込む人の話。数万種類のブドウのうち、ソムリエは主要なもの（100種類以上？）を覚えているけれど、飲みたいワインを探すには、赤用の3種類のブドウと、白用の1種類だけを知っていれば十分だ。

ここで、ブドウの品種以前の基本的な質問。なぜ、ブドウでワインを造るのだろうか？　答えは簡単で、「果物の中で一番甘いから」。糖分が発酵してアルコールになるため、甘いほどイイのだ。また、栽培する上で気候や土壌の条件が非常に緩く、いわば、人が住めばブドウも育つ。これが世界中でブドウを使う理由だ。

なお、日本では、ブドウは大部分を生で食べ、ワインにする分は少ない。日本では、果物屋の店先に桐箱入りの超高級ブドウが並んでいるが、そんなブドウでワインを造ると美味いのか？　答えは「ノー」だ。生食用ブドウは、大粒の実がみっちり隙間なくついているのがよいが、ワイン用は正反対。小粒の実がパラパラにつき隙間だらけがよい。風通しがよいと病気にならないし、日光が当たるので実が十分に熟す。赤ワインはタンニンと色が重要なので、ブドウも皮が厚くて、種がしっかりと大きいのがよい。ブドウとワインの関係は不思議だ。

老舗に挑む「新世界」のワイン国

ワインの生産国を分類すると、「旧世界」と「新世界」に分かれる。旧世界は、昔からワインを造るヨーロッパ諸国で、フランス、イタリア、ドイツ、スペイン、ポルトガルの「老舗」。新世界は、欧州以外の新興ワイン国で、アメリカ、チリ、オーストラリアの「三銃士」を筆頭に、ニュージーランド、南アフリカ、カナダなどの「新入社員」的生産国が続く。新世界では、アメリカ、特に、カリフォルニアが物凄く威張っている。日本も新世界の国だ。

旧世界ワインに対する愛好家のイメージは「高価だけれどエレガントで飲み飽きしない」であり、「繊細な関西風の味付け」とか「結婚するならこんな女性」の雰囲気。一方新世界ワインは「安価で濃くて甘くてインパクトが強い」ため、毎日飲むと1週間目には疲れるかも。だから、「ハッキリした関東風の味付け」とか「ガールフレンドにしたい派手なオネエサン」という感じ。新世界の生産者は、試行錯誤を繰り返してワインを造っているので、たまたま全てが大当たりすると、突然、シンデレラ的にスーパースターワインが誕生する。

ワイン通が10分に100回は口にするのに、誰も本当の意味を知らない専門用語が「テロワール」。ブドウが育つ環境の意味で、畑の土壌、気候、地形から、栽培法や生産者の志まであらゆる要素を含むよう。「このワインにはテロワールがよく出ている」というふうに使う。同じブドウを使っていても、旧世界と新世界のワインの味が異なる理由は、地域でテロワールが違うからだ。

パリ試飲会事件その１

２０００年間に及ぶ世界のワイン史で、最大の出来事といえば「１９７６年パリ試飲会事件」だ。アメリカ建国２００年の記念行事として、１９７６年にパリのインターコンチネンタルホテルで、世界のトップに君臨するフランス・ワインと無名のカリフォルニア物が目隠し試飲で対決したのだ。

審査員はフランスのワイン界を代表する有名人ばかり９人。試飲したフランス・ワインは、赤はボルドーのエリート軍団。白も、これ以上は望めない銘醸ブルゴーニュだった。常識的には、これだけのフランス物が揃えば、どんなワインと喧嘩しても負けるわけがない。カリフォルニアの生産者も、試飲会の主催者もそう思ったし、審査員は愛国心の塊であるフランス人ばかり。

しかし蓋を開けると、赤の１位はカリフォルニアのスタッグス・リープ、白もカリ

フォルニアのシャトー・モンテリーナだった。「世界一のワイン国はフランス」の神話が崩れた瞬間だ。

この試飲会が世界に与えたインパクトは、野茂英雄が大リーグに移籍した事件に匹敵する。野茂がいなければ、イチローや松井秀喜だけでなく、サッカーの中田英寿、中村俊輔、小野伸二も日本でくすぶっていたはず。

これ以降、世界のあちこちで、世界レベルの高品質ワインが生まれるようになった。

旧世界

フランス

「ワインの王であり、王のワイン」であるフランス産。ボルドー、ブルゴーニュ、シャンパーニュで世界最高のワインを造る。新世界のワインは、ドッシリ系で濃く、プロレスラーのように力で圧倒するが、フランス産はエレガントで飲み飽きしない。コンテストでは、インパクトの強い新世界ものが優勝することが多いが、真っ先にボトルが空になる「真の勝者」はフランス物だ。

イタリア

濃くて力強い赤のイメージが強い。フランス・ワインがイヴニング・ドレス姿の優雅なグレース・ケリーなら、イタリア・ワインは、舞台衣装姿の濃厚なソフィア・ローレン。楽しむことを最優先にする典型的なラテン系がイタリア人。ワイン造りもそのままで、日本にも熱烈なファンが多い。

ドイツ

寒いので、アルコール度数が低く酸味がスッキリした（酸味が適度で柔らかい）半甘口の白ワインが多い。アルプスの少女ハイジのような可愛いイメージがあり、ドイツ・ワインを飲んでワインに目覚めた人は物凄く多いのに、ワイン通の間には真剣に飲んではならないとの不文律があるよう。中華や鍋にピッタリなのに。最近は辛口の赤で頑張っている。

スペイン

ヨーロッパの奥座敷的な位置にあり、独自にワインを造っていたスペインでは濃厚な赤ワインが多い。スペインの芸術家は、ピカソやダリみたいにアクが強いが、ワインも妖しく怪しい。これが人気の秘密？

ポルトガル

旧世界の一員ながら、ワインは謎と不思議の多い国。聞いたことのない土着ブドウ品種でワインを造るため、ワイン愛好家も知識がなく、それ故、積極的に飲む人も少ないが、意外なお買得ワインが多く、注目したい。

新世界

アメリカ

1976年の「パリ試飲会」で、無名のカリフォルニア・ワインが、世界最高のフランス赤白軍団を撃破し、以降、世界から注目を浴びる。アメリカのワインはフランスに比べて、濃厚で華やかで甘い。舞台衣装で飾り立てたマドンナのような強烈なインパクトがあるので、コンテストでは、優雅な雰囲気のあるフランスの超一流ワインに勝ったりするが、毎日飲むには強すぎる？

チリ

南北に長く伸びた「気候の百貨店」なので、いろんなワインを造っていそうだが、ボルドー系の赤が中心（白はブルゴーニュ系を少し）。チリのワインも濃くてドッシリしていて、ボルドー系の赤ワインが得意。フランス産のボルドーほどは垢抜けしていないが、コスト・パフォーマンスは抜群。

オーストラリア

ボルドー系の渋くて濃いワインからブルゴーニュ風のエレガントな赤まで造る。ボルドー系ブドウとブルゴーニュ系ブドウは、和服と洋服みたいにテイストが違うため、まず、混ぜることはないが、オーストラリアでは平気でブレンドする。振袖にハイヒールを履くみたいなワインもフツーに造る。高級ワインは少なく、手頃な価格帯のお値打ちワインが揃っている。

ニュージーランド

ボルドー系の赤は、世界中でできるが、ブルゴーニュ系は気温、雨量、降雨量、寒暖の差など物凄く限られた条件の地域でしかできない。その「ブルゴーニュ系ができる神に選ばれた土地」がニュージーランドだ。コスト・パフォーマンス抜群のエレガント系は、ニュージーランドにおまかせ。大衆路線のオーストラリアが全国チェーンのスーパーマーケットなら、高級路線のニュージーランドは、セレブ用ブティック。

ボトルの形から味を予想する

浴衣を着ていれば日本人、チャイナ・ドレス姿のオネエサンは中国人……と、着ているものを見れば、どんな国の人か大体予想できる。これと同じで、ワインボトルの形を見れば、飲まなくても、味や香りの見当がつく。世界の赤ワインが、渋みのあるボルドー系と酸味のあるブルゴーニュ系に分かれるように、ボトルも肩の張ったボルドー型と撫で肩のブルゴーニュ型に分かれる。また、赤ワインは、緑か茶色のボトル、白ワインは、緑、茶色、透明のボトルに入れる。

ボトルは、大きさにより呼び方が違う。これを知っていると、上級者の雰囲気が出る。最も一般的な750㎖のボトルは「レギュラー・ボトル」とか「普通のボトル」といい（気取りたいなら、フランス語でブテイユと言えばいい）、半分の375㎖は「ハーフ」とか「ハーフ・ボトル（フランス語でドゥミ・ブテイユ）」、2倍のボトルは「マグナム」と呼ぶ。

ハーフ・ボトルは、単身で出張した夜、一人でボソボソ食事をするときの「寂しい」ワインというイメージがあるが、いろいろエラいのだ。まず、ボトルの

品種によって違うシルエット

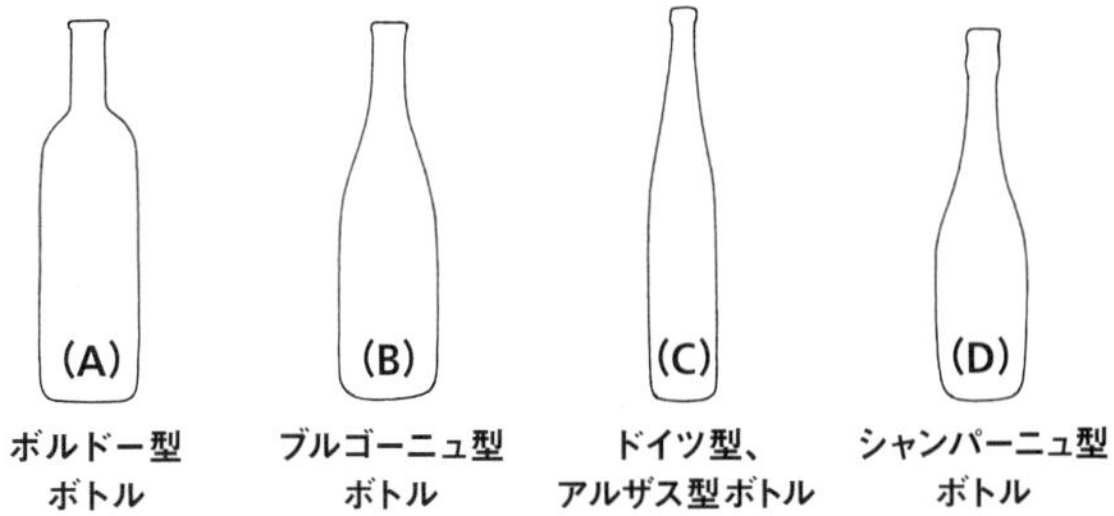

〈赤ワイン〉

ボルドー型ボトル(A)
いかり肩のボトルに入っていると、ボルドーのように渋みが強いドッシリ系の赤であることが多い。

ブルゴーニュ型ボトル(B)
撫で肩のボトルの赤は、ブルゴーニュのように、エレガントで柔らかく酸味のキリッとした赤。

〈白ワイン〉

ボルドー型ボトル(A)
ボトルの色で、味が全然違うので注意。緑色のボトルに入っていれば、辛口の白。魚介類にピッタリ。透明ボトルなら、甘口のデザート・ワインの可能性が大きい。

ブルゴーニュ型ボトル(B)
緑色と茶色のボトルがあるが、どちらも、シャルドネで造った辛口の白。甘口や半甘口は、ブルゴーニュ型ボトルには入れず、ボルドー型に入れる。

ドイツ型、アルザス型ボトル(C)
ドイツ産とフランスのアルザス・ワインは、ボトルの形がほぼ同じなので、ラベルの言葉で見分けるしかない(言葉も似ている……)。ドイツ産は半甘口がほとんど。アルコール度数が低く、酸味がキリッとした味わい。アルザス・ワインはスタイリッシュな辛口が多い。

シャンパーニュ型ボトル(D)
スパークリング・ワインは必ずこのボトル。ガス圧に負けないようガラスが分厚く、かなり重い。

サイズが小さくなるほど、熟成が進んで早く飲み頃になるので、熟成した円《まろ》やかなワインが好きな愛好家は、わざわざハーフ・ボトルを注文する（特に、シェリー酒の香りが出た熟成したシャンパーニュが好きなプロは、ハーフ・ボトルを2本頼んだりする）。また、魚料理と肉料理でワインを変えたい場合、ハーフ・ボトルなら、赤と白の両方が飲める。

ラベルで読み解くワインの履歴書

ワインのラベルは、履歴書のようなもの。いろんなデータが詰まっている。これがサラッと読めると、超カッコイイが、そのためには数カ月から数年の修業が必要だ。ここでは、明日のデートに間に合う「お手軽情報」を述べる。

ラベルを見ないで試飲するのがブラインド・テイスティング（実際には、黒い靴下にボトルを入れてラベルを隠す）。ラベルに書いてあることが少しでも見えると、物凄く有利になる。

ラベルに何を書かなきゃいけないかは、各国のワイン法で違うが、生産国、生産地区、ヴィンテージ（ブドウの収穫年）、アルコール度数、容量は共通している。

同じブドウでも生産地区が違うと味わいも異なる。各国のワイン法では、どこでどんなブドウを作ってよいか決まっていてソムリエ認定試験を受けるような上級者は、生産地区と栽培してよいブドウ品種を必死で覚える。

2番目に大事なデータはヴィンテージだけど、その重要度は、生産地区に比べると急激に下がる（高級ワインの場合、良い年のものと悪い年のものは価格が10倍違うこともあるので、気にする人は多いけれど）。アルコール度数は、ほとんどのワインが12～13％なので、誰も真剣にラベルを見ない。容量なんて、ボトルを見れば分かるので無視してよい。

ラベルは生産地区とヴィンテージを見る

❶ 銘柄名
シャトーの名前だったり、畑の名前だったりする。

❷ 格付け
国が制定したワイン法で、どのランクに位置するかを示す。
（P.69 ～73 参照）

❸ 生産地区
これが狭いほど高級ワインになり高価格。地区の狭い広いは、勉強しないと簡単には覚えられない。

❹ アルコール度数
赤白とも12％～13％の間がほとんど。中にはドイツワインみたいに6％なんてビール並みに低いのもある。

❺ ヴィンテージ
ブドウの収穫年。この良し悪しによって価格は数倍違う。

❻ 容量
ほとんどが750mℓ。

パリ試飲会事件その2

「ワインはフランス」と自他ともに認めてきたフランス人には、「1976年パリ試飲会事件」の結果は物凄く屈辱的だった。9人の審査員は非国民と叩かれ、彼らは「果実味があるカリフォルニア・ワインは若いうちが美味しいが、フランス物は熟成させてから真価を発揮する」など、必死に言い訳した。それじゃあということで、10年後、全く同じ赤ワインをニューヨークで試飲した（白ワインは、熟成の頂点を過ぎているとの理由で試飲せず）。これが「1986年ニューヨークのリターンマッチ」だ。

前回のフランス人審査員は、もちろん参加を拒否。アメリカ人が審査をしたが、結果は今回もカリフォルニア・ワインの勝ち。カリフォルニア物は、若くても熟成させても

美味いということになった。

この話にはまだ続きがある。1976年のパリ試飲会のちょうど30年後の2006年、同じ日、同じ時間に、カリフォルニア州のワイン生産の中心地、ナパと、ロンドンの2カ所で、当時と全く同じワイン（これも赤ワインだけ）を目隠し試飲したのだ。この試飲会でも、ナパとロンドンの両方で、カリフォルニアが勝利した。ただし、30年前と違い、会場は和気あいあいの雰囲気だったらしい。

第2章　ワインショップにて

まずはショップでじっくり観察

ここまで読んで、①赤と白の違い、②ブドウの品種、③国別ワインの特徴、④ボトルの形、⑤ラベルの読み方の5つのキーワードがなんとなく分かったと思う。本を読んでの勉強はこれで十分だ。いよいよ、「自分が飲みたいワインを探す」実践編の第一歩としてワインショップへ行き、5つのキーワードを自分の目で確かめてみよう。

まずは、じっくり時間をかけて、端から細かくワインを見ることだ。フランスやイタリアのような老舗ワイン生産国のワインが並んでいる隣に、ヒゲを生やした黄色い太陽を描いたラベルがあり、「変わったデザインだなぁ」と手に取ると、インドのワインだったりする。入り口に積み上げた木箱の中に1本480円の激安ワインが並んでいるかと思えば、定温定湿セラーに寝かせてある高級ワインの値札を見て、「えっ、これ20万円もするの！」とビックリしたり、

無料試飲をさせてもらったりと、とにかく物凄く楽しい。時間をかけて店内のワインを見ると、不思議なことが目につき、質問したくなる。そんなときは、遠慮せず怖がらず、店員さんに聞いてみよう。

ワインショップの店員は、基本的に、「陽気な教え魔」だ。店が暇な時間帯（例えば、平日の午前中）を狙い、思い切って、「今、ワインのことを勉強しているので、いろいろ教えて下さい」とお願いすると、「店内周回ツアー」に連れて行ってくれるはず。これで、一挙にワインの理解が深まる。

高価なワインはショップの奥にある

店内のワインは、レストランのワイン・リストと同じような順番に並んでいることが多い。すなわち、赤白に分かれ、それぞれ国別に並ぶ。さらにその中で、ボルドー、ブルゴーニュ、それ以外のフランス、イタリア、それ以外の旧世界、アメリカ、それ以外の新世界、泡もの（シャンパーニュやスパークリング・ワイン）、甘口ワイン、ポートのようなリキュール系にグループ分けされる。

ワインショップの棚に並んだワインをじっくり見ると、いろいろなことに気がつく。まず、同じワインでも、ヴィンテージが違うと値段が何倍も違うし、ラベルの内容が1語違うだけでも、価格が違う。古いワインは高いものが多いが、古いから高いとは限らない。また、ラベルの雰囲気だけでは、高いか安いか全く判断できない（ここがワインの一番難しいところ）。

ワインに熱心な店には、定温定湿セラーがあり、お宝の超高級ワインが寝かせてある。通常は、出入り口から一番遠いところにある。これは、直射日光を嫌うためと盗難防止のためだ。店が暇な時間帯に行くと、中を見せてもらった上、細かく説明してもらえるはずだ。セラーを見る場合は、気をつけることがいくつかある。まずは、「セラーを見せてもらっていいですか？」と断り、カバンは店に預ける。寝かせたボトルに触ってはいけない。触ると、ボトルの底に溜まった澱《おり》が舞うし、ラベルを手でベタッと触ると、手の形にカビが生える

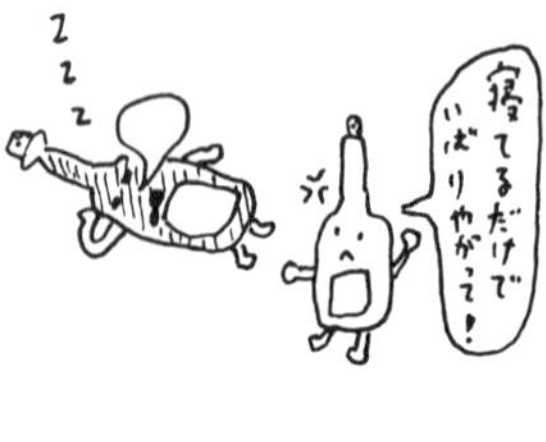

ワインショップの間取り図

ワインショップの店内では、入り口から遠くなるほど、日光が当たらず、温度変化が少ない。盗難防止の意味からも、奥に行くほど高価なワインが並ぶ。

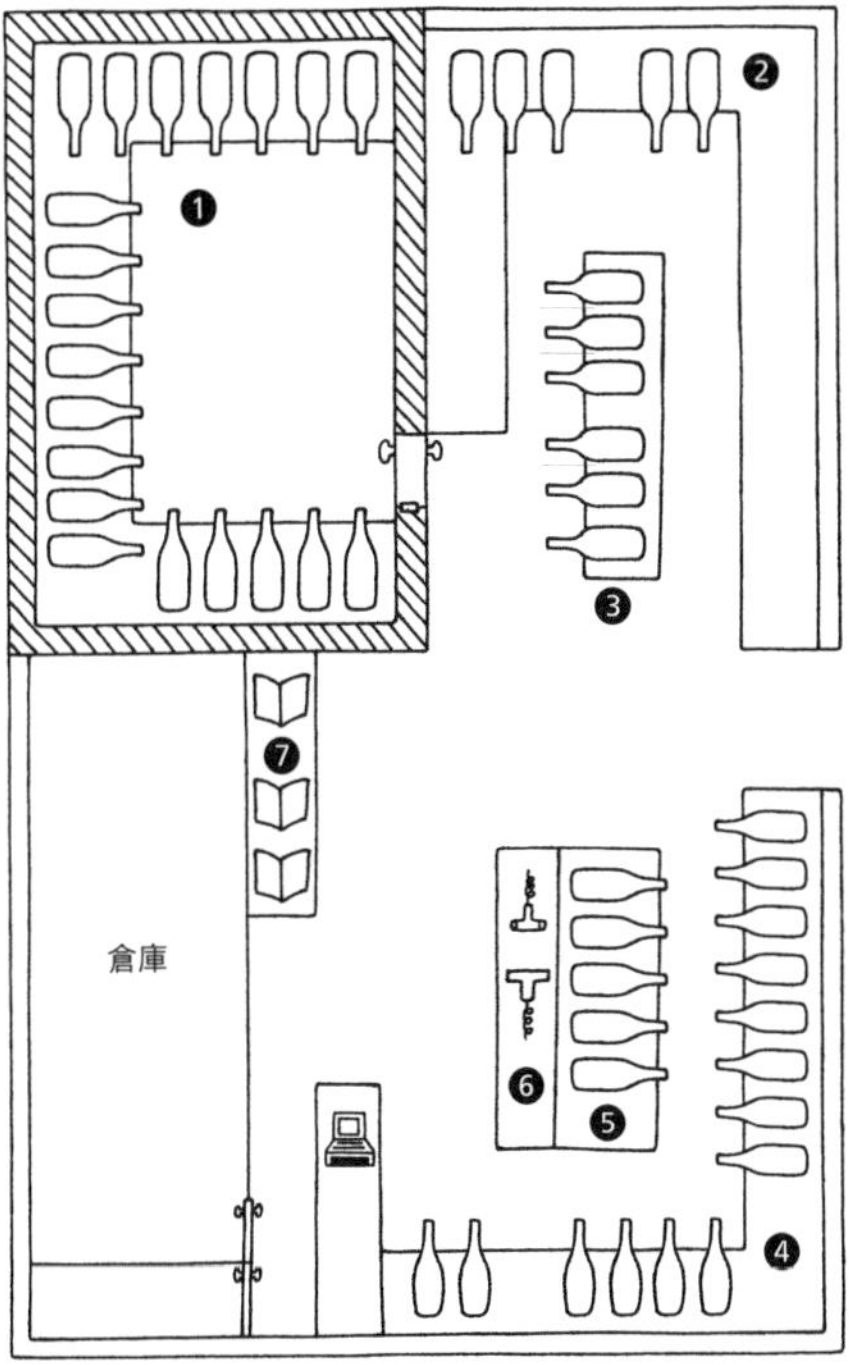

❶ボルドー、ブルゴーニュをはじめ、イタリア、カリフォルニアの高級ワインを保存している定温定湿セラー。

❷ボルドー、ブルゴーニュ、イタリア、スペイン、カリフォルニアなどの3,000円以下の赤が並んでいる。

❸南フランスやチリなどの安価な赤は入り口近くに並ぶ。

❹ブルゴーニュ、カリフォルニア、イタリア、日本などの3,000円以下の白ワインやシャンパーニュなどが並ぶ。

❺南フランス、チリ、イタリアなどの安価な白。やはり入り口近くに並ぶ。

❻コルク抜き、グラス、ラベル剝がしなど、いろいろなワイン関連グッズは、ワインショップでの品揃えが一番よい。

❼ワイン雑誌や書籍がずらりと並ぶ。書店より種類が多く、マニアックな雑誌も揃えている。

ので注意が必要なのだ。

不良ワインをつかまないためのポイント

ワインを買う場合、状態チェックが必要だ。同じワインが複数本ある場合、「どれでもいいや」と考えて、テキトーに選んではならない。じっくり見ると、ビックリするほど外見が違っているので、特に、高級ワインを買う場合は、十分注意しよう。

一番気になるのは、ワインの保存状態だ。高温（理想の保存温度は13度～17度）にさらされて「熱中症」になっていないかどうかは、最終的には、コルクを抜いて飲んでみないと分からないが、外見からでもある程度予測できる。高温で長い間保存すると、中のワインが膨張して噴き出す。そうすると、コルクが飛び出したり、ワインが染み出したりして、ラベルを汚す。低温であっても、温度変化が激しいと、コルクが出たり、引っ込んだりするので、ワインにはよくない。

ワインの「健康診断」方法

たくさん入っているボトル

高級ブルゴーニュの場合、今でも手詰めの生産者がいて、同じ木箱のワインでも、量に多い・少ないがある。ワインは、少しずつ蒸発して年々目減りするので（1年で液面が1㎜下がる）、1本ずつ「背比べ」をして、一番たくさん入っているものを選ぶべし（特に、高級ワインの場合）。

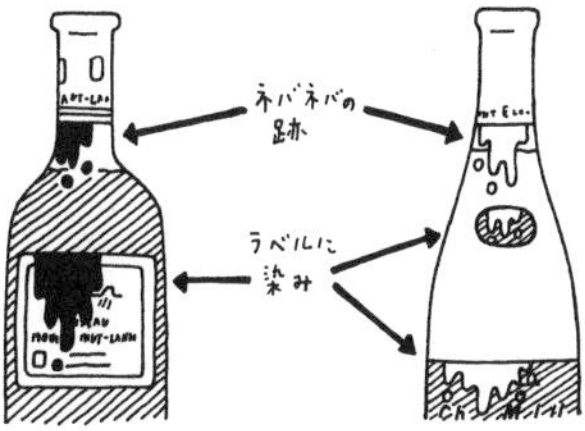

鼻血、鼻水のないボトル

高温にさらされるとワインが外に染み出し、キャップシールやラベルを汚す。プロは、赤ワインの場合、「鼻血が出てる」、白では、「あ、鼻水だ」と言う。鼻血も鼻水もない健康なワインを選ぶ。

コルクが飛び出していないボトル

高温にさらされてワインが膨張すると、コルクも外へ出てくる。コルクが飛び出しているものは、高い温度で長い間保存した可能性があり、避けるべき（稀に、それがイイ方向に作用して美味くなっているワインもあるので話は複雑）。

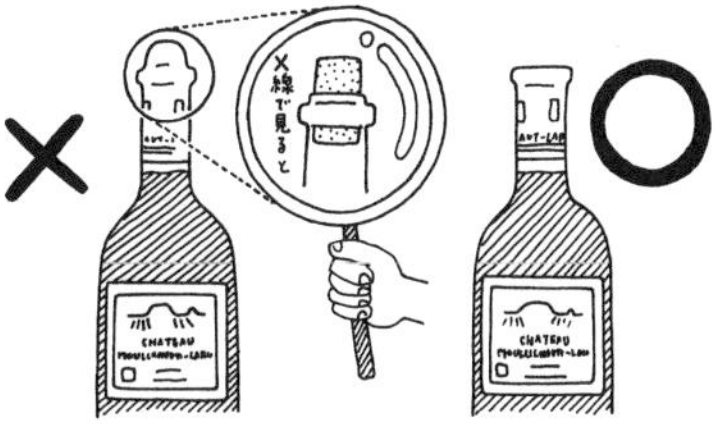

ワインの保存で高温と同じぐらい気をつかうのが湿度だ。理想のセラーの湿度は70％から80％だけれど（チョコレートやシガーも同じ）、20％以下の超乾燥した環境で保存すると、ワインがたくさん蒸発する。平均よりワインの目減りが多いと、プロは「乾燥したセラーで保存したな」と考え、パスする可能性が大きい。普通は、一番たくさんワインが入っているボトルを選ぶのが正解だけど、20年以上保存した超高級ワインで目減りがほとんどなく、コルクのすぐ下までワインが詰まっているのは、逆に偽ワインの可能性があるので、注意が必要だ。

1000円以下にも狙い目ワインが多数

ワインの価格帯には、大まかに1000円、3000円、1万円の3つの分岐点があり、4つの価格帯に分か

れる。1本1万円の高額ワインと、1000円の安いワインとは何が違うのだろうか？　高いワインほど美味しいのだろうか？

ワインが高価になると、凝縮度やアルコール度数が上がる。果汁3％のオレンジ・ジュースが1000円のワインだとしたら、果汁100％が1万円のワインだ。高くなると、水っぽさがなくなるし、色が濃くなるのだ。白ワインは、色が黄色に近くなる。赤の場合、香りが大きく、渋さが強くなって色も黒に近くなる。そんな赤ワインを若いうち（20年以内？）に飲むと、物凄く濃くて渋いので、イギリス人みたいな「濃厚ファン」でないかぎり、美味しいとは思わないはず。食べ物とも合わせにくい。高価なワインを熟成させると美味しいが、若い高額ワインは「渋み爆弾」なので、コルクを開けるのはもっ

ワインの4つの価格帯

❶1,000円以下

毎日大量にワインを飲む「ヘヴィー・ユーザー」には、この価格帯のワインが嬉しい。一般に低価格の赤ワインは、渋みが少ない。しかし、安くても、渋みの乗った美味いものがたくさんある（特に、ボルドー系の赤）。

❷1,000円以上3,000円未満

3,000円近く出すと、ワインの質は格段に上昇する。上品な渋みと酸味のバランスがよく、ボルドー系なら、これで十分。ブルゴーニュ系もよいものがある。気軽なビストロで出るのがこのクラスのワイン。

❸3,000円以上10,000円未満

かなりの高級ワイン。有名なフレンチレストランに食事に行き、普通の人がオーダーできるのは、このクラス。ワインの仕入れ原価は小売価格の約70%であり、レストランでは、食材やワインの原価の3倍で値付けするのが基本。小売価格が3,000円のワインは、仕入れ原価が2,100円で、その3倍は6,300円。これがワイン・リストの価格になる。

❹10,000円以上

ワイン・マニアが人生を犠牲にして集めるワインがこのクラス。1万円以上なら、10万円も100万円も同じ。この価格帯のワインは、長期熟成するように造ってあり、若いうちに飲むと、赤ワインの場合、渋み爆弾で、口の中に紙ヤスリを敷き詰めたようにギシギシする。白ワインの場合、酸味がきつくて、歯が痛くなる。高価だから美味いわけではないことに注意。

たいない。「高価」と「美味しい」は同じではないのだ。高価なものは、飲み頃を自覚して買うべし。

毎日飲むなら、1000円前後で買える「濃厚なワイン」がいい（探せば、お買い得ワインが必ず見つかるはずだ）。給料日には、奮発して3000円のワインを買い、お誕生日に思い切って1万円の高額ワインを買うのがよいだろう。

価格帯別おすすめワイン

❶1,000円以下

赤：イエローテイル・カベルネ・ソーヴィニヨン／1,007円
赤：コノ・スル・カベルネ・ソーヴィニヨン／867円
白：コノ・スル・ゲヴュルツトラミネール／867円
白：パヌール・シャルドネ／900円

❷1,000円以上3,000円未満

赤：マルケス・デ・カーサ・コンチャ・カベルネ・ソーヴィニヨン／2,217円
赤：ロバート・モンダヴィ・プライベート・セレクション・カベルネ・ソーヴィニヨン／2,707円
赤：ロバート・モンダヴィ・プライベート・セレクション・ピノ・ノワール／2,507円
白：ロバート・モンダヴィ・プライベート・セレクション・シャルドネ／2,307円

❸3,000円以上10,000円未満

赤：シャトー・ラ・ドミニク／9,524円
赤：ジュヴレ・シャンベルタン　ジョセフ・ドルーアン社／5,000円～8,000円
白：ピュリニー・モンラッシェ　J・フェヴレ社／6,000円
：シャンパーニュ　ボランジェ・スペシャル・キュヴェ・ブリュット／7,500円

❹10,000円以上

赤：シャトー・レオヴィル・ラス・カーズ／24,000円
赤：エシェゾー　ドメーヌ・A・F・グロ／20,000円
白：ムルソー・クロ・デ・ペリエール　ドメーヌ・アルベール・グリヴォー／16,000円
：シャンパーニュ　ドン・リュイナール・ロゼ／50,000円

＊値段はあくまで目安です（2009年11月時点、税抜き業者希望小売価格です）

＊ドッシリして濃厚な赤は造りやすく、安価でできるが、エレガントで繊細なワインは造るのが大変で、とても高価。1,000円以下の低価格帯のワインに、カベルネ・ソーヴィニヨンのような濃厚ブドウのワインが多いのはそんな事情による。エレガント系赤ワインの代表、ピノ・ノワールで造るワイン（ブルゴーニュの赤やシャンパーニュ）は高い。ブルゴーニュとシャンパーニュにハマると財政破綻するといわれるのは、このため。

＊白でも、高級ブドウ、シャルドネで造るワインはどうしても高くなる。1,000円以下のシャルドネを見つけにくいのはこのため。

＊ブドウの品種の特徴を知りたいなら、同じ生産者が、いろいろなブドウ品種でリリースしているシリーズ物がよい（例えば、右記のロバート・モンダヴィのプライベート・セレクションのシリーズ）。まとめて買ってきて、全部のコルクを開けて比較試飲すると、違いが歴然。

恐怖の害虫、フィロキセラ

19世紀、ヨーロッパ全土のブドウ畑が壊滅しかけた大事件があった。原因は、ブドウの根に寄生したフィロキセラという害虫だった。日本名は「根アブラムシ」とオチャメだが、学名はフィロキセラ・ヴァスタトリクスとおどろおどろしい。さらに、Phylloxera Vastatrix と書くと宇宙に漂う謎の生命体みたいに不気味だ。大事件の真相はこうだ。

フィロキセラ事件は、フランスのローヌ地方の生産者が、アメリカのテキサスの友人から輸入したブドウの苗木に付いた卵が原因だった。この害虫がローヌからヨーロッパ中に蔓延。欧州のブドウ畑が壊滅する寸前、フィロキセラに強い米国産のブドウの台木に、自分のブドウ樹を接ぎ木すれば壊滅を回避できることが分かった。だから、今のヨーロッパのブドウ樹は、全て下半身が「アメリカ人」で、ある意味、人魚みたいなもの。

日本ではどうか？　1877年、山梨の勝沼から、高野正誠と土屋龍憲がブドウ栽培とワイン醸造の勉強で渡仏。当時、ヨーロッパはフィロキセラの絶頂期で、二人が日本に持ち帰った苗木にもフィロキセラが付いていた。日本でも、ヨーロッパ同様、アメリカのブドウ樹の台木に接ぎ木している。日本のワイナリーへ行くと、ブドウ樹の地面に近い幹にはコブのような膨らみがある。これは接ぎ木をした跡なのだ。

たったの1回で自分の好みを知る「全部で1万円5本勝負」

20年前、ワイン嗜好の進化には決まったパターンがあった。最初、ドイツ・ワインのように、爽やかな女子高生風のほんのり甘い白をキリッと冷やして飲んでワインにハマり、そのうち、シャブリのような大人の辛口白ワインを飲み始め、ボージョレーみたいにハツラツOL系の軽い赤に進み、最終的にはボルドーのように渋くてゴージャスで濃厚な赤ワインに目覚める。そして、古酒を飲み、ときどき、ピチピチしたシャンパーニュを楽しむ――。昔のワインの進化過程は、男女の恋愛の成熟過程と同じだった。ところが今は、いきなり渋い赤を飲んで、「あぁ、美味しい」と思う人が増えている。

自分の好き嫌いを探るのに一番簡単なのが、「全部で1万円5本勝負」だ。ワインに熱心なワインショップへ行き、「飲み比べをしたいので、品種の違うワインをハーフ・ボトルで5本

1万円でみつくろって下さい」とお願いする。キーワードで紹介した4つの品種の他に、おすすめとして赤には「ガメイ」と「シラー」が、白には「リースリング」「ソーヴィニヨン・ブラン」「ゲヴュルツトラミネール」、「甲州」がある。ハーフ・ボトルで1本平均2000円だと、フルボトルでは4000円近いので、かなりの高級ワインが飲める。この5本をまとめてコルクを抜き、土曜日にパーティーを開く。「あたしは、このブルゴーニュが好きだわ」「いや、こっちの渋いのがいいよ」とワイワイガヤガヤ乱れ飲みをすると、自分の好き嫌いや人の嗜好も分かり、物凄く面白いので試してみることをおすすめする。

赤のおすすめ品種

1

カベルネ・ソーヴィニヨン
（渋系：ボルドーのメドック地方、カリフォルニア）
シャトー・ラネッサン／3,000円前後
ウッドブリッジ・カベルネ・ソーヴィニヨン　ロバート・モンダヴィ社／1,117円

2

メルロー
（渋＋エレガント系：ボルドーの右岸）
ウッドブリッジ・メルロー　ロバート・モンダヴィ社／1,117円
コノ・スル 20バレル・リミテッド・メルロー／2,500円

3

ピノ・ノワール
（エレガント系：ブルゴーニュ、オレゴン、ニュージーランド）
ロバート・モンダヴィ・プライベート・セレクション・ピノ・ノワール／2,500円
コノ・スル 20バレル・リミテッド・ピノ・ノワール／2,500円

4

ガメイ
（ジュースのような果実味系：ボージョレー）
ボージョレ・ヴィラージュ　ジョルジュ・デュブッフ社／2,000円
ボージョレ・ヴィラージュ　ジョセフ・ドルーアン社／1,800円

5

シラー
（ドッシリ系：フランスのローヌ地方、オーストラリア）
ロバート・モンダヴィ・プライベート・セレクション・シラー／2,707円
コノ・スル・シラー・レゼルバ／1,400円

白のおすすめ品種

1

シャルドネ
(白ブドウの王様:ブルゴーニュ、カリフォルニア、ニュージーランド)

ロバート・モンダヴィ・プライベート・セレクション・シャルドネ／2,307円

コノ・スル20バレル・リミテッド・シャルドネ／2,500円

2

リースリング
(爽やかな高原の乙女系:ドイツ一般やアルザス)

リースリング　ヒューケル・エ・フィス社(どの生産者のものでも可／2,000円)

3

ソーヴィニヨン・ブラン
(白いお花の香り系:ニュージーランド)

ロバート・モンダヴィ・プライベート・セレクション・ソーヴィニヨン・ブラン／2,307円

クラウディー・ベイ・ソーヴィニヨン・ブラン／3,197円

4

ゲヴュルツトラミネール
(スパイシー系でプロの味わい:フランスのアルザス地方)

ゲヴュルツトラミネール　ヒューケル・エ・フィス社／2,500円

コノ・スル・ゲヴュルツトラミネール／900円

5

甲州
(日本のワインの繊細さ、凄さに目覚めて:山梨県勝沼)

アルガ・ブランカ・クラレーザ・ディスティンタメンテ　勝沼醸造／1,600円

グレイス甲州　中央葡萄酒／1,610円

＊カッコ内は、味のイメージと代表的な産地です
＊値段はあくまで目安です

古酒のススメ

1、2年飲み続けてワインにも慣れ、「そろそろ変わったものを飲みたい」と思ったら、古酒を試してみよう。20歳、30歳の古いワインでも、ワイン界の帝王、ロバート・パーカーの点数（いわゆる、パーカー・ポイント。70ページを参照）が低いと（80点台）、名前の通ったボルドーの赤ワインでも1万円未満で買える。パーカーの点数は古酒に異常に厳しいので、ダメモトで飲んでみるとよい。かなりの確率で大当たりする。

「ワインが年を取ると、どうなるんですか？」とよく聞かれるが、大きな違いは色だ。リリース直後は黒に近い濃紫だったワインも、レンガ色が混じり、ガーネットになる。口の中がギシギシするほど強烈だった渋みも円やかになり甘みさえ感じるようになる。抜けた色や渋みは澱となってボトルの底に沈む。プロは、そ

んなワインを見ると嬉しくなる。

古くなると香りも大きく変わる。ピーマンやイチゴのような植物的な香りが取れて、動物系の妖しい香りや、チョコレート、ミルクコーヒー、ミルクティーの甘さが出てくるのだ。柑橘系の爽やかな香水を耳に付けていた女子高生も、30代の妖しい女に成長すると胸の谷間に「プワゾン」を匂わせ男を惑わすようになる。愛好家には、これが堪らない……。

相性診断で外さない、プレゼントするワイン

プレゼント用、パーティー用、自分飲み用など、状況により、買うワインも変わってくる。大体の目安は次の通りだ。

プレゼント用ワインは、相手がワインを飲み慣れているか、年配か若い人かで、選ぶポイントが違う。ワイン好きの年長者は、安価で誰も知らないが高品質の新世界ワインより、旧世界の老舗生産者が造った有名ワインがよい。年配の人は、身体が濃厚ワインを受け付けないので、エレガント系がいい選択だ。年配のワインを飲んだことがない年長者には、飲みやすさで選ぶ。そんなワインは、アルコール度数が低く、フルーティーで、かなり安上がり。一方、ワイン好きの若い人には、繊細な風味のワインより、ドッシリ濃厚系がよい。新世界ワインの出番だ。ワインを年に数回飲む程度の友人には、はっきりした味の白やシャンパーニュがよいだろう。

プレゼントで一番嬉しいのは記念年ワインだが、かなり高価。「どうせあの人は、記念年ワインをもらっても、もったいなくて飲まないだろう」と予想し、

記念年専用のワイン（中身ではなく、ラベルの年号を重視した安ワイン）をプレゼントする人もいる。次に飲むワインとして、パーティー用には、「ワインは詳しいよ」とのオーラをバチバチに出すため、ブルゴーニュの赤やシャンパーニュで迫ったり、マニアックなイタリア物がイイ。自分で飲むなら、コスト・パフォーマンスが命。オーストラリア、ニュージーランド、チリの南半球御三家の赤白や、泡ものがおすすめだ。

相手に合わせて選ぶプレゼントワイン

❶ ワインの好きな年長者には

コスト・パフォーマンスより、知名度で選ぶ。渋くて濃厚なボルドーかブルゴーニュの高級有名赤ワイン（1本5,000円以上）がよい。白ワインなら、ブルゴーニュかカリフォルニアの辛口。シャンパーニュもよい選択だ。ドイツ物は、半甘口で初心者用のイメージがあるため、避けること（超甘口のデザート・ワインならOK）。チリやオーストラリア・ワインも外す方が無難かも？

❷ ワインを飲み慣れてない年長者には

口当たりのよいドイツの白や、ボルドーの貴腐ワイン（極甘口の白）がよい選択。高級高価な赤ワインは渋いので避ける。高級シャンパーニュはダメ。開けるのが怖くて、10年間手つかずだったりする。

❸ ワイン好きの友人には

渋みのあるフルボディーの赤や、辛口の重い白がよい。フランス産はかなり高価で二の足を踏む場合は、コスト・パフォーマンスを重視して、カリフォルニア、オーストラリアやチリ系新世界の高級ワインがよいだろう。

❹ ワインを飲み慣れていないけれど興味がある友人には

軽くて口当たりのよいワイン、例えば、イタリアやフランスの手頃な赤白や、スペインやオーストラリアの辛口スパークリングがよい。

❺ 銀婚式のようなお祝いや記念のワインには

最適なのが、赤白の詰め合わせ。大企業の社長の還暦祝いには、マルゴー（世界で一番威張っているボルドー五大シャトーの一つ）とイケム（貴腐ワインの最高峰）の「大富豪セット」がぞくぞく届く。子供の誕生祝いには誕生年ワインが理想だが、長期熟成するワインは生産年の2、3年後でないと市場に出ない。誕生年ワインは、入学祝いのときに。

あなたの誕生年は当たり年？　ヴィンテージガイド

ワイン愛好家は、初めて会った美女の誕生日は気にならなくても、ワインの誕生日、すなわち生産年は物凄く気になる。プロは、「１９９０年は偉大なヴィンテージだから、あと20年は寝かさなきゃ」とか「１９９１年はショボい年だから、早く飲んでしまおう」などと盛り上がる。ヴィンテージは美味しさにどのように関係するんだろうか？

ヴィンテージとは、前にも説明したようにブドウを収穫した年。その年の気候によりブドウの出来が左右され、ワインの品質に大きく影響する。良いヴィンテージのワインは、赤の場合、強烈な渋みが円くなって飲み頃になるまで時間がかかる。良くないヴィンテージのワインは、熟成の頂点が低く、早く訪れるので、若いうちに楽しむワインとなる。「悪いヴィンテージ」という言葉には否定的なイメージがあるので、今は「早飲みのヴィンテージ」という。価格は、もちろん良いヴィ

ンテージのワインの方が数倍高い（飲み頃については、64ページ参照）。
ヴィンテージ・チャートを見ると、いろんな地域のヴィンテージの良し悪しが書いてあるが、チャートの発行者の判断により大きくブレるので、いろいろなチャートを見るとよい。また、ヴィンテージの良し悪しより重要なのが生産者の腕。下手な生産者が造った優良ヴィンテージのワインより名人が造った良くないヴィンテージのワインの方が、美味しいことが多い。特に、天候不順の年は、腕の差が如実に表れる。

注意1：以下のヴィンテージ・チャートはいろいろな資料を参照して総合的に作成した。

注意2：ヴィンテージの良し悪し（星の数や点数）は、見直されて変更されることが多い。リリース直後は高評価な年でも、年月が経って期待通りに熟成しないと、星の数も減るし、その逆もある。このあたりの事情は、ミシュラン・ガイドの星と似ている。

注意3：生産者、特に、世界で一番威張っているボルドーのシャトーは、毎年リリースするたびに、「今回のワインは世紀のヴィンテージだぁ」と宣伝するが、話し半分に聞いておくこと。たくさん売りたい生産者には、毎年が「偉大なヴィンテージ」なのだ。

狙い目ワインが分かるヴィンテージ・チャート

P.60～63の★の意味は以下の通り

★★★★★：100年に2、3回しかない偉大なヴィンテージのはずだが、実際には10回以上ある。赤の場合、若いうちに飲むと、濃厚すぎ＆超渋いので、美味いと思わない人も多い。長持ちするというか、長く寝かせないと渋くて飲めない。

★★★★：25年に数回ある優良な年。20年、30年と熟成させるのもいいし、若いうちに飲んでもよし。ヴィンテージ・チャートによっては、5つ星になっていたりする。

★★★：平均的なヴィンテージ。5段階の通信簿でいうと、「3」。「平均的」というと、日本人には良い印象がないので、「良いヴィンテージですよ」と言うことが多い。良い生産者が造ったワインは、まずまず長持ちするし、安いので、記念年ワインとしては狙い目。

★★：「悪いヴィンテージ」にはネガティブなイメージがあるので、「早飲みのヴィンテージ」という。一般に、今では長期熟成には耐えないが、良い生産者のワインは立派に熟成する。これがワインの難しいところ。古酒好きの私にはたまらない。

★：気候が不順でブドウの糖度が低く、水っぽいワインしかできなかった年。いわゆる、「早飲みのヴィンテージ」。こんな年は、ワインの生産量が少ない上に、早く飲んでしまうので、10年もすれば、ほとんど飲み尽されてしまう。なので、良くない年のコレクターズ・アイテム的ワイン（例えば、ムートン）は、意外に高価だったりする。

無印：毎日雨が降ったというように、あまりにも悲惨な気候だったので、ワインを造っていないか、造っても、並級に格下げして別名で売り出した年。オークションで探しても、ほとんど見つからないはず。

白ワイン				ポート
ボルドー（極甘口）	ボルドー（辛口）	ブルゴーニュ	シャンパーニュ	
★★★★★	★★★★	★★★★	★★★	★★★
★★★★	★★★★	★★★★	★★★	★★★★★
★★★★★	★★★★	★★★★	★★	
★★★★	★★★★★	★★★★★	★★★	
★★★★	★★★★★	★★★	★★★	
★★★★	★★★★★	★★★★	★★★★	★★★★
★★★	★★★★	★★★★	★★	
★★★★★	★★★★	★★★	★★★	
★★★	★★★★	★★★	★★	★★★★
★★★★	★★★	★★★★	★★★★	
★★★★	★★★	★★★★	★★★★	
★★★	★★★	★★★★	★★★★	★★★
★★★★	★★★	★★★★★	★★★★★	
★★★★	★★★★	★★★★	★★★★	
★★	★★★★	★★★		★★★★
		★★★	★★★	
★	★★★	★★★	★★★★	★★★★
★		★★★	★★	★★★★
★★★★★	★★★★★	★★★★	★★★★★	★★
★★★★★	★★★★★	★★★★★	★★★★	
★★★★		★★★	★★★★★	
★			★★	★
★★★★	★★★	★★★★★	★★★	
★★★★	★★★★	★★★★	★★★★★	★★★★
★				
★★★★★	★★★★	★★★★	★★★	★★★★
★★	★★★	★★★★	★★★★★	★★★
			★★★★	
				★★★
★★★	★★★	★★★★	★★★★	
★★★	★★★★★	★★★★	★★	★★
				★★★★

ヴィンテージ・チャート（1977～2008）

赤ワイン

	ボルドー	ブルゴーニュ	ローヌ	カリフォルニア
2008	★★	★★★	★★	★★★★★
2007	★★★	★★★★★	★★★	★★★★★
2006	★★★	★★★	★★★	★★
2005	★★★★★	★★★★★	★★★★★	★★★★
2004	★★★★★	★★★★★	★★★★★	★★★★
2003	★★★	★★★★	★★★	★★★
2002	★★	★★★★★	★★★★	★★★★
2001	★★★★	★★★	★★★★	★★★
2000	★★★★★	★★★	★★★★	★★★★
1999	★★★	★★★★★	★★★★★	★★★★★
1998	★★★	★★★★	★★★★★	★★★
1997	★★	★★★★	★★★	★★★★★
1996	★★★	★★★★	★★★★	★★★
1995	★★★★	★★★★	★★★★	★★★
1994	★★	★	★	★★★★★
1993	★★	★★★★	★★	★★★
1992	★	★★★	★★★★	★★★★
1991	★★	★★	★★	★★★★★
1990	★★★★★	★★★★★	★★★★★	★★★★
1989	★★★★★	★★★★	★★★★	★★★
1988	★★★★	★★★★★	★★★★	★★★
1987		★★★		★★
1986	★★★★	★★★★	★★	★★★★
1985	★★★★★	★★★★★	★★★★★	★★★★★
1984	★		★★	★★★
1983	★★★	★★★	★★★★★	★★
1982	★★★★★	★★	★★★★	★★★★
1981	★★★	★★	★★	★★★
1980		★★★	★★	★★★★
1979	★★	★★★	★★★★	★★★
1978	★★★	★★★★★	★★★★★	★★★★
1977				★★

白ワイン				ポート
ボルドー（極甘口）	ボルドー（辛口）	ブルゴーニュ	シャンパーニュ	
★★★★	★★★★★	★★★★	★★★★	
★★★★★	★★★★		★★★	★★
		★★★★	★★★	
				★
★★★★★	★★★★★	★★★★	★★★★★	
★★★	★★★	★★★	★★★★	★★★★★
★		★★★★	★★★	
★★★★★		★★★★		★★
★★★	★★★	★★★★★	★★★★	★★★★★
		★★★	★★★★★	
				★★★★★
★★★★	★★★★	★★★★★	★★★★	★★
★★★	★★★★	★★★★	★★★★	★★★
			★★	★★★★
★★★★★	★★★★	★★★	★★★★★	
★★				★★★
		★★★		
★★★★★	★★★★	★★★★	★★★★	★★★★★
				★★★
★★★★	★★★	★★★★	★★★★	
★★★	★★★	★★★★	★★★★★	
★★★		★★★		★★★
★★★★★	★★★★	★★★★	★★★★	
	★★★			★★★★★
★★★★★	★★★★	★★★★★	★★★★	★★★★
★★★★★	★★★★★	★★★★	★★★★★	★★★★★

ヴィンテージ・チャート(1945〜1976)

赤ワイン

	ボルドー	ブルゴーニュ	ローヌ	カリフォルニア
1976	★★	★★★	★★★	★★★
1975	★★★			★★★
1974				★★★★★
1973	★★			★★★★
1972		★★★	★★★★	★★★★
1971	★★★★	★★★★	★★★★★	★★★
1970	★★★★	★★	★★★★	★★★★
1969		★★★★★	★★★★★	★★★★★
1968				★★★★★
1967		★★	★★★★	★★★
1966	★★★★	★★★★	★★★★	★★★★
1965				★★★★★
1964	★★★★	★★★★	★★★★	★★★★
1963				★★★★
1962	★★★★	★★★★★	★★★★	
1961	★★★★★	★★★	★★★★★	★★★
1960	★			★★★
1959	★★★★★	★★★★★	★★★★★	★★★★
1958	★★			★★★★★
1957	★	★★★	★★★★	
1956				★★★★
1955	★★★★	★★★	★★★★	★★★
1954				
1953	★★★★★	★★★★	★★★★	
1952	★★★	★★★★	★★★★	
1951				★★★★★
1950	★★			
1949	★★★★★	★★★★★	★★★★★	★★★
1948	★★★			
1947	★★★★★	★★★★	★★★★	★★★★
1946	★★★			★★★★★
1945	★★★★★	★★★★★	★★★★★	

意外と知らないワインの飲み頃

　ワイン・マニアの会話を聞くと、「まだ早かったね。あと10年寝かせればよかった。今飲むのは、もったいなかったね」「あぁ、開けるの遅すぎた。完全にヘタッてるよ」「今が熟成の頂点だよ。美味いなぁ」などと飲み頃の話で盛り上がっている。飲み頃ってなんだろう?

　年月を重ねると、赤ワインの場合、とげのある強烈な渋みが円やかになり、また、お花や白いフルーツみたいな植物系の香りが、コーヒーやチョコレートの濃厚さをもつ皮の匂いのような動物系に変化する。白ワインでは、バターやナッツの香りがして、甘みが出る。これが、マニアが泣いて喜ぶ「ワインの熟成」だ。赤白とも、紹興酒チックな香りがあるので、好き嫌いがはっきり分かれる。大部分のワインは日常消費のガブ飲み用。翌年までに飲み切る。10年、20年経つとよくなるのは、ワインの中のごく一部といわれるが（「3000円以下はすぐ飲め」と言う人が多い）、長期保存した廉価版ワインも結構面白い

良いヴィンテージと悪いヴィンテージの飲み頃曲線

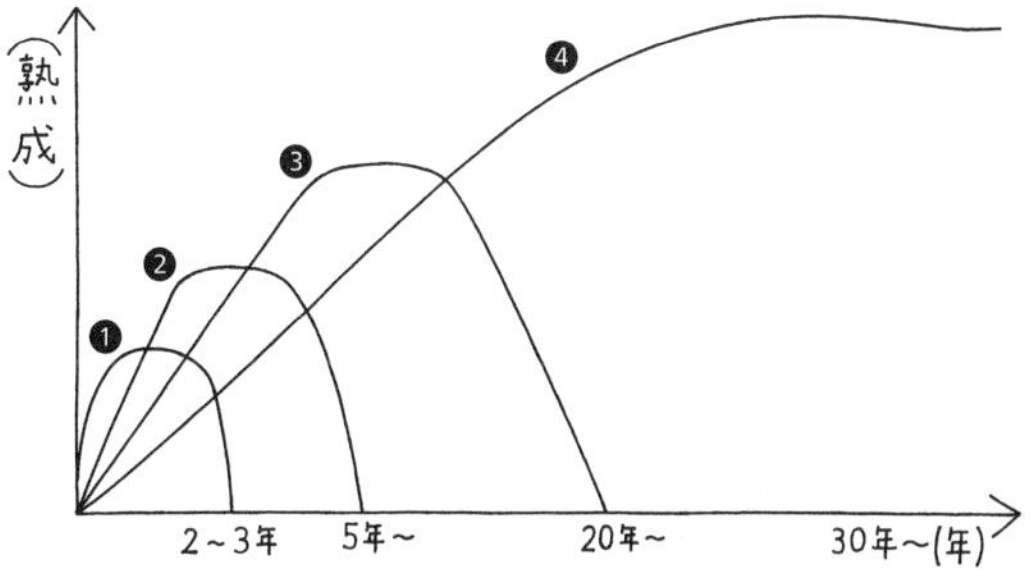

❶ 早飲みの年のワイン全般

P.60～63のヴィンテージ・チャートで、星なしから2つ星が相当する。若いうちから飲めるワインで、長く寝かせすぎると、酸っぱくなるかも。

❷ 良い年の辛口白

P.60～63のヴィンテージ・チャートで、3つ星以上。赤ワインや極甘口の白に比べると、辛口白は長持ちしないといわれている。でも、酸味がしっかりしている白は物凄く長寿だ。

❸ 良い年のブルゴーニュの赤

P.60～63のヴィンテージ・チャートで、3つ星以上。渋さの強い赤ワインほど、長期熟成するので、ボルドーに比べると、ブルゴーニュは熟成の頂点が早い。でも、ロマネ・コンティみたいな銘醸ワインは物凄く長持ちする（というより、若いうちに飲むのはもったいない）。

❹ 良い年のボルドーと極甘口の白

P.60～63のヴィンテージ・チャートで、3つ星以上。長寿ワインの代表が、めちゃくちゃ渋いボルドーと、極甘口の白ワイン。長持ちしすぎて、自分が生きている間に飲み頃にならない可能性もあるので、注意。

飲み頃は、個人の好き嫌いで判断するため、人によって全く違う。この図はあくまで目安であり、大体の傾向を表していると考えてほしい。

飲み頃を割り出す唯一の方法は、コルクを開けて飲むこと。飲まずに推理するのは物凄く難しいが、まず、P.60～63のヴィンテージ・チャートから収穫年の良し悪しを見て、このページの「飲み頃曲線」から頂点を推理することになる。例えば、1961年のボルドーなら1980年ぐらいから飲めるし、1966年のブルゴーニュなら1976年あたりが飲み頃。頂点を過ぎると、少しずつ酸味が強くなるが、腐ったり飲めなくなることはない。逆に、イギリス人のように、そんなたっぷり熟成したワインが好きな人も非常に多い。

のでワインは複雑だ。

いつが飲み頃かは、個人の好みなので、人によってバラバラ。フランス人みたいに、口が曲がるほど渋いワインを好むマニアもいれば、イギリス人のように、色が抜けて死にかけた赤ワインをありがたがる愛好家もいる。何年後が飲み頃かも、生まれたての赤ん坊を見て、「25年後には立派なコンピュータ・エンジニアになるでしょう」と予測する以上にテキトーだ。エレガントが身上のブルゴーニュより、濃厚なボルドーの方が、飲み頃になるまで時間がかかる。

20年後の記念日に開ける頑丈ワインの選び方

ワイン愛好家でなくても、もらって嬉しいのは、自分の誕生年ワインだ。自分の誕生年ワインを飲むチャンスはそんなにあるものじゃないので、飲むと、うまいまずいに関係なく物凄く感動する。

誕生年が良いヴィンテージの人はいいが、不作の年の人はどうすればいいか？　天候が悪いと、ブドウの収穫量が少なく、ワインの生産量も通常年の数分の一しかない。さらに、熟成が利かず早飲みするので、ほとんど残っていないことが多い。ではどうしたらよいだろうか？

古酒探しの王道は、長期熟成を大量に造るボルドーだが、ボルドーが不作のときは、ローヌやカリフォルニアの濃厚な赤や、ソーテルヌ、ドイツ、ハンガリーの極甘口デザート・ワイン（白）をチェックするとよい。また、ポート、シェリーでもヴィンテージ物を造っている。世界のどこかで長期熟成に耐えるワインができているはずなので、ワインショップに聞いてみるとよい。長期熟成するワインが見つからない場合はどうするか？　誕生年ワインは、味わいではなく、自分と同じ年を重ねたことに価値がある。ラベルに誕生年が印刷してあるワインは、物凄く貴重であり、それを見るだけで感動する人は多いはず。

また、相手の年の数のシャンパーニュをお誕生日にプレゼントするのもカッコイイ。数が多くて費用がかかる場合は、ハーフ・ボトル（３７５㎖）かキャール・ボトル（１８７㎖）にすればよい。

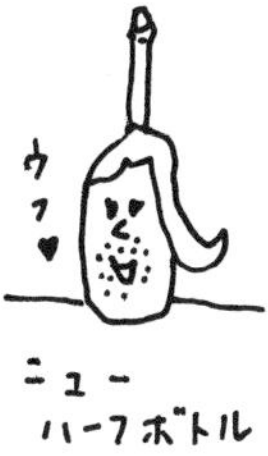

記念年ワインは、「頑丈」で「良いヴィンテージ」がポイント

子供の成人式で誕生年ワインを開けたり、銀婚式を結婚年ワインで祝うなど、記念年のワインを飲むのは超オシャレ。

●頑丈なワイン

記念年ワインには、保存条件が少々悪くても熟成する「鉄人ワイン」がピッタリ。
ワインを頑丈な順に並べると、以下のようになる。

❶ 極甘口デザート・ワイン（白）
❷ ボルドー系の渋い赤ワイン
❸ ブルゴーニュ系の酸味の強い赤ワイン
❹ 酸味の強い白ワイン
❺ 通常の赤白ワイン
❻ シャンパーニュ

通常は❷を買う人が多いが、おススメは❶のデザート・ワイン。赤白ワインなら、みんなでカパカパ飲むので数本必要になるが、デザート・ワインは食後、小さなグラスで１杯飲むだけ。1本あれば、20人くらいに振舞える。甘いジャムが長持ちするのと同様で、甘口ワインも頑丈だ。セラーがなくても、新聞紙でボトルをピチッと巻き、温度変化の少ない押し入れの奥に転がしておくと、20年ぐらいは熟成する可能性がある。

●良いヴィンテージ

良い収穫年のワインは、普通年のものに比べ、圧倒的に長生きする（逆に、長期熟成させないと、赤は渋くて飲めない）。ワインは世界中で造っているので、記念年が当たり年の地域が必ずある。気候が安定しているカリフォルニアは毎年が当たり年。ダメなら、ポートやシェリーまで手を広げる。

●早飲みのヴィンテージ

記念年ワインは、味や香りではなく、年月を重ねたことに意味がある。早飲みのヴィンテージのワインや、良いヴィンテージでも頂点を大きく過ぎたワインは、味わいは平凡だろうが、記念年のワインであることに感動しながら飲むと美味さは10倍。飲まずにずっと保存し、見て楽しむのもよい。

ワインの格付けは無視してイイ？

日本のプロ野球は、１軍、２軍に分かれているし、アメリカでも、メジャー・リーグ、３Ａ、２Ａ……の階級がある。ワインも同じで、生産国には国が決めたワインの法律があり、ワインの階級（格付け）が細かく決められている。

格付けとは何か？　ひとことで言えば、ワインの品質保証のようなものだ。格付けを覚えれば、店で見たワインの品質レベルが分かり、味や香り、コスト・パフォーマンスの良し悪しを判断できる。ワインを買う場合の一種のガイドラインと思えばよい。高い金を払うのだから不味いワインは買いたくない。ワイン法では、ワインをいろいろな階級に分け、上に行くほど、植えてよいブドウ、栽培方式、醸造法、造ってよいワインの量などの制限がキツくなるので、品質は高くなる（はず）。だから、「大金を払っても失望しないよ」、が基本的な考えだ。この格付けに、生産者の腕が絡むので、話は複雑。一般に、有名生産者の低格付けワインは、平凡な生産者の高格付けワインより高価になる。

国が違うと、格付けの考え方が全く違う。フランスのワイン法は世界で最高と威張っていて、格付けが上がると価格も上がる。ドイツのワイン法は数字だらけで超真面目。上位格付けになるほど糖度が上がり甘くなる。イタリアはいい加減。格付けと値段は比例しないので覚える必要はないかも。アメリカは全部平等で格付けがないなど、お国柄が見えて面白い。

ワイン界の帝王、ロバート・パーカー

ワインの価格は、ワイン雑誌の評価に大きく影響される。数十万部という世界最大の発行部数を誇るのがアメリカの『ワイン・スペクテイター』誌だが、100点をつけても価格に影響せず、「100点ワインを飲む会」なんて誰も企画しない。一方、元弁護士でワイン界の帝王、ロバート・パーカーの発行する『ワイン・アドヴォケイト』誌は、2、3万部を出しているだけだが、影響力は絶大。ワインを100点法で評価し、100点がついたワインはあっという間に数倍に値上

がりする。

パーカーは、濃厚で色の濃いワインを好む。生産者の中には、パーカーから高い点数をつけてもらうため、パーカー好みのワインを造ることも珍しくない。そんなワインをプロは「黒ワイン」とか「パーカー化ワイン」と呼んで馬鹿にする。

パーカーは、もともとイギリス風の「気取ったワイン評論」に反発し、買う立場からワインをチェックして「消費者ガイド」を目指した。また、５つ星や20点法による採点じゃなく、１００点法を採用し、細かく評価した。この戦略が成功したというか、成功しすぎて一人勝ち状態になり、やたらと目立って賞賛と同時に批判も浴びているのが現状。大成功に一番ビックリしているのはパーカー自身だろう。

国によって違うワインの格付け

●フランス

世界最高のワイン生産国と自他ともに認めるフランスでは、かっちりしたワイン法がある。数百年の試行錯誤でどの地域にはどのブドウが最適か、どんな栽培方法や醸造法がよいかまで割り出した。これをもとにワイン法を作っているので、かなり正確(でも、新しいことは試せない)。ワインの階層と価格も一致する。最上位は AOC ワインで、ラベルに「Appellation 産地名 Contrôlée」と書いてある。日本が輸入するワインのほとんどがこれで、1本780円から100万円までと範囲は広い。

●イタリア

イタリアのワイン法は、フランスのワイン法を下敷きにして、細かく規定している上に、「フランスの法律よりスゴいぞ」と威張るため、「官能検査(香りや味わいのチェック)」も実施する。でも、陽気でいい加減なイタリア人は、規則を守るのが大の苦手。一番低い階層の「ヴィノ・ダ・ターヴォラ」には、1本数百円の安ワインと、1本10万円の希少な高級ワインが混在していて訳が分からない。イタリア・ワインは、階層の上下と値段の安い・高いは一致しないので、ワイン法は無視してイイ?

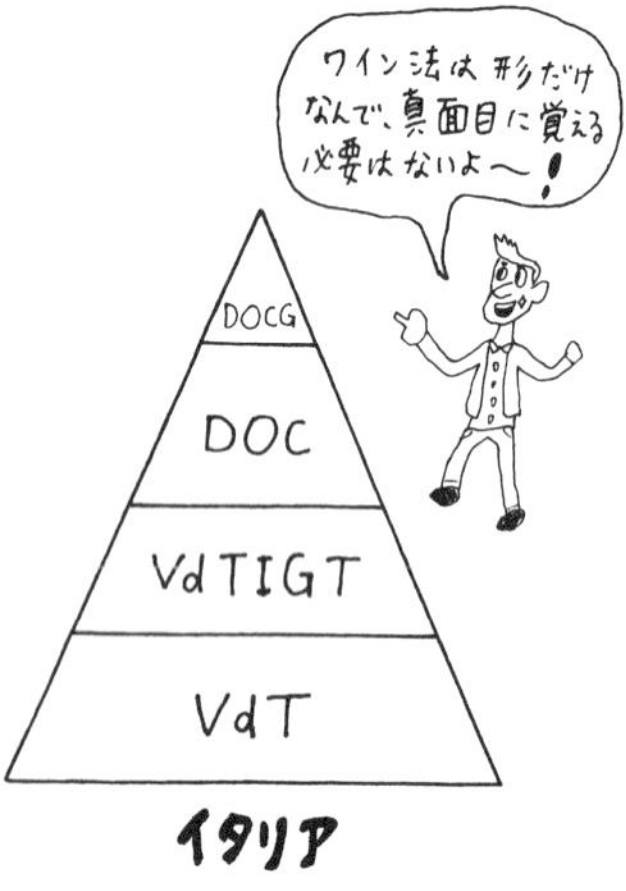

●ドイツ
規則作りが大好きで、法律書をおかずにご飯が３杯食えるドイツ人は、物凄く細かい数字でいろいろ規定している。基本的に、ドイツは白ワイン王国であり、高級高価になるほど、甘みが強くなる。辛口好きには安上がり？　ちなみに、最上のQmP（Qualitätswein mit Prädikat）は2009年8月から単に「Prädikatswein」に変更された。

●日本
ワイン法はない（に等しい）。外国で搾ったブドウ・ジュースを日本で醸造しても、「国産」とラベルに書ける。海外では、高級高価なワインは生産者の所有する畑のブドウで造るけれど、日本では、ブドウ栽培農家を保護するため、ワイナリーは基本的に自社畑を持てず、必ず、農家から買わねばならなかった。2009年に農地法が改正され、道は開けつつある。

●アメリカ
自由の国・アメリカでは、差別を毛嫌いし階層の上下をつけたがらない。ワイン法は単にワインの生産地域を決めただけであり、どこでどんなブドウを植えても、どんな栽培をしても自由。なので、生産地域は、タダの地名と考えればよい。ワインの良し悪しは、生産者の力量で判断せざるを得ず、ある意味、面倒？

第3章 レストランにて

いざ、勝負ディナーへ

いよいよ、高級フレンチレストランにデビューする日がきた。待ち合わせの店に向かいながら、彼女がドタキャンするんじゃないだろうか？ 「あのひとこと」をうまく言えるだろうか？ と、期待10％、心配90％をブレンドして、ドキドキハラハラしているはず。そんなキミに追い打ちをかけるのが「恐怖のフレンチ四大関門」、すなわち、「アペリティフ（食前酒）選び」「ワインのオーダー」「ホスト・テイスティング」「ディジェスティフ（食後酒）選び」だ。

テーブルに案内されたらすぐにソムリエが、「食前酒をお飲みになりますか？」と聞いてくる。何をオーダーすればカッコイイか？ というより、恥をかかずにすむんだろう？ 注文する料理が決まると、電話帳ほど分厚いワイン・リストを手にしたソムリエが「ワインをお選び下さい」と迫ってくる。聞いたこともないワインが

フランス語やイタリア語で書いてあるし、どれも、これも高価だ。その中から、何を選べばイイんだろう？　オーダーしたワインをソムリエが開け、「テイスティングをなさいますか？」と言ってキミのグラスにワインを１㎝ほど注ぐ。テイスティングって何？　どうすればイイの？　食後にまたお酒を飲まなきゃならないの？

　全てが初体験のキミに、どうすればカッコよく、しかも、安価で切り抜けられるかが本篇の最大のテーマだ。

上客になるオーダーのコツとは

　フレンチやイタリアンレストランで、何をどの順番でオーダーするかを知っておくことは重要だ。特に、どのタイミングでどんなお酒を飲むのかを知っていれば、「飲酒計画」も立てやすい。

　席に通されて一息つくと、まず、食前酒のオーダーを取りにくる。食前酒は、食欲を増進させるお酒なので、甘さが控えめで酸

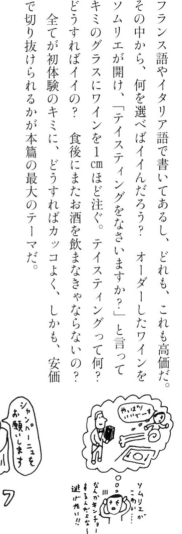

味のあるものがいい。食前酒を飲んでいると、ギャルソンがメニューを持ってくる。女性用のメニューは金額欄は空白だけれど、男性用にはちゃんと書いてある。食前酒を飲み終わる頃、食事のオーダーを取りにくる。食事が決まれば、分厚いワイン・リストを手渡され、食事に合うワインを選ぶという仕組みだ。食事で、最初に出てくるのが「アミューズ・グール（突き出し）」だ。おつまみみたいなもので、これと同じタイミングで、ワインも出てくる。そこで、恐怖のホスト・テイスティングをしなければならない。

食事はその後、前菜、魚料理、肉料理が続く（お酒に強くない場合、魚と肉でワインを変えるならグラス・ワインがおすすめ。これなら、ホスト・テイスティングも不要）。最後がデザート（気取る場合、フランス語でデセールという）になる。甘いものを食べるこのデザートの30分が、「勝負のディナー」ではヨーロッパでも日本でも最も重要な時間なのだ。デザートでは、デザート用のお酒があり、胃袋と財布に余裕があれば、ぜひオーダーしよう。この時点で、（相手はともかく）自分は酔っぱらっていないことが重要だ。

レストランでの食事の流れ
①アペリティフ
②料理を決める
③ワインを決める
④ホストテイスティング
⑤食事を楽しむ
⑥デザートとディジェスティフ

迷わず正解を選ぶ、ワイン・リストの見方

料理が決まると、次はワイン選びだ。ソムリエが持ってきた百科辞典みたいな厚さのワイン・リストにはワインの名前が原語表記でズラリ並んでいる。ワイン・リストをどのように解読すればいいんだろう？

サンプルとして、架空のワイン・リストを図に示した（82～85ページ参照）。ワイン・リストに必ず書いてある情報は、赤白の種別、ワインの名前、生産年、価格だ。ワイン・リストでは基本的に赤白別で地域ごとに並んでいる。載せる地域の順番は格の高い順で、白はシャンパーニュ、ブルゴーニュ白、その他のフランスの白、その他の国の白。赤は、ボルドー、ブルゴーニュ、その他のフランスの赤、その他の国の赤の順番になる。ワイン・リストの上でも、フランス・ワインはめちゃくちゃ威張っているのだ。

なお、生産者は、シャンパーニュなら名前のアルファベット順、ブルゴーニュは北から南の村へ、ボルドーは西から東の村へ、同じ村のワインなら、価格の安いものを先に並べるのが基本だ。気軽なビストロのワイン・リストは、地方

の順ではなく価格の安いものから順番に並べるところが多いし、ワインの味わいや合う料理など、簡単なコメントを付けている親切なリストもある。

ワイン・リストのQ&A

Q1 誰がワインのセレクションを決めるの？
A1 基本的に、ソムリエが決める。ソムリエの仕事は、ワインのコルクを抜くだけじゃないのだ。

Q2 季節によって、リストに載るワインは違うの？
A2 夏にはスパークリング・ワインが売れるし、冬はドッシリ系の赤がよく出るが、春夏秋冬を通して、変わることはない。ただし、ストックしたワインが売り切れると、別の（新しいヴィンテージの）ワインがリストに登場する。

Q3 ワイン・リストのどこに注目すればいいの？
A3 一番多くリストに載せている地域（例えば、ボルドー）と、最多価格帯を見れば、そのレストランの売りたいワインや、得意なワインが見えるはず。その「重点ワイン」の低価格モノを選ぶとプロっぽい。

Q4 気軽なビストロと、高級レストラン。
ワイン・リストに違いはあるの？
A4 ワインを店にストックするには、相当の資金力が必要。経済的な余裕がないビストロでは、１枚の紙に、無名だけれどコスト・パフォーマンスのよいワインを価格順に並べることが多い。高級レストランでは、立派なワインのコレクションも店の格のうち。高級高価で古いワインをゾロッと揃え、威張っている。

Q5 ワイン・リストの「裏メニュー」みたいなのはあるの？
A5 あるらしい。食事の「裏メニュー」は、レストランの「まかない食」みたいに、「安くて美味いけど、余った食材を使うので客に出せない」ものが多いけれど、ワインの場合、①希少価値がめちゃくちゃ高いワイン、②誰でも知ってる有名ワイン、③古酒、④偉大なヴィンテージのワインの４つの条件を全て満たした超高額ワインが、いわゆる「裏リストのワイン」。

ヴィンテージ。良い収穫年のワインは濃厚で渋く(赤の場合)、物凄く高価。愛好家は1997年は「キューナナ」、2003年は「ゼロサン」と呼ぶ。価格でワインを選ぶ場合(ほとんど?)、ワインの名前が読めない場合は、ワイン・リストを指差して、「このゼロゴーをお願いします」「このノンヴィンを下さい」とオーダーしよう。

Aile d'Argent, 1999

Alsace

Riesling, Trimbach, 2005	¥4,000
Gewürztraminer, Trimbach, 2005	¥4,000
Alsace, Marcel Deiss, 2004	¥5,000
Riesling Schlossberg Grand Cru, Weinbach, 2004	¥7,000

ワインの銘柄名。オーダーするときはこの名前を使う。

Loire

Muscadet de Sèvres et Maine, Louis Métaireau, 1995	¥5,000
Baron de L, Ladoucette, 2000	¥12,000
Savennières Coulée de Serrant, Nicolas Joly, 2005	¥15,000

Côtes du Rhône

Crozes-Hermitage Blanc Les Meysonniers, Chapoutier, 1998	¥5,000
St.-Joseph Blanc, Yves Cuilleron, 2004	¥8,000
Hermitage Blanc les Rocoules,Sorrel, 1990	¥10,000
Condrieu, Pierre Gaillard, 2005	¥11,000
Hermitage Blanc, Guigal, 1993	¥12,000

生産者名。同じ銘柄でも生産者が違う場合がある(特に、ブルゴーニュ)。生産者の良し悪しや好き嫌いで選ぶことが多い。

Italy

Gaja & Rey Chardonnay, Gaja, 2005	¥25,000
Lange Bianco, Gastaldi, 2002	¥15,400

America

Calera Chardonnay, Central Coast, 2006	¥5,800
Ramey, Chardonnay, Carneros, 2005	¥9,100
Ridge, Santa Cruz Mountains Estate, Chardonnay, 2006	¥12,400

Japan

シャトー・メルシャン北信シャルドネ 2004	¥8,800
アルガ・ブランカイセハラ勝沼醸造 2003	¥9,600

Dessert Wines

Ch. Rieussec 1995	¥15,000
Ch. d'Yquem 1997	¥68,000
Pinot Gris, Monchberg Grand cru, Marc Kreydenweiss, 2002	¥20,000
Vouvray, Le Mont, Huet, 1953	¥36,000

BISTRO HAYAMA WINE LIST

サンプルとして架空のワイン・リストを以下に示す。
(高級フレンチレストランを想定して、高価な豪華ワインをタップリ並べた)

Vins Blanc

白ワイン(ブラン)の意味。

「NV」は「Non Vintage」のことで、「ノン・ヴィンテージ」とか、略して「ノンヴィン」と読む人もいる。複数年のブドウを使っていることを示し、シャンパーニュでよく使う。

値段(小売り価格の2倍が基本)は一番重要な項目。

「1er cru」は「プルミエ・クリュ」と読み、「1級畑」の意味(かなり高級)。

Champagnes	
Gosset Grande Réserve NV	¥9,450
Heidsieck Monopole Brut NV	¥8,500
Louis Roederer Cristal Brut 1995	¥36,000
Krug Grande Cuvée	¥28,000
Salon 1995	¥40,000
Taittinger Brut Réserve NV	¥11,000
Taittinger Brut Réserve NV demi (375cc)	¥6,300
Sparkling Wines	
Angas Brut NV (Australia)	¥3,600
Ferrari Brut NV (Italy)	¥5,800
Bourgogne: Chablis	
Chablis, William Fèvre, 2005	¥4,800
Chablis 1er cru Fourchaume, Malandes, 2002	¥7,000
Chablis Grand cru les Preuses, Dauvissat, 1999	¥12,000
Bourgogne: Côtes de Beaune	
Meursault, Albert Grivault, 2004	¥9,000
Meursault, Albert Grivault, 2004 demi (375cc)	¥5,300
Meursault 1er cru Clos des Perrières, Arbert Grivault, 1997	¥15,000
Chassagne-Montrachet 1er cru Abbaye de Morgeot, Louis Jadot, 1999	¥12,000
Puligny-Montrachet 1er cru Clavoillons, Leflaive, 2002	¥18,000
Bâtard-Montrachet, Fernand Doffinet, 1991	¥21,000
Chevalier-Montrachet, Les Demoiselles, Louis Jadot, 1991	¥24,000
Bourgogne: Other Regions	
Bourgogne Aligoté, Alain Coche-Bizouard, 2005	¥4,500
Bourgogne Hautes Côtes-de-Nuits, David Duband, 2006	¥5,000
Saint-Véran Grand Bussière, Olivier Merllin, 2002	¥6,000
Pouilly Fuissé, Château Fuissé, 2000	¥6,000
Pouilly Fuissé, Château Fuissé, 2000 demi (375ml)	¥3,600
Saint-Aubin 1er cru Les Dents de Chien, Deux Montille, 2004	¥7,000
Bordeaux	
Ch. Olivier, 2002	¥5,000
Pavillon Blanc du Chateau Margaux, 2002	¥12,000

Ch. Léoville Poyferré, 1995	¥18,000
Ch. Ducru-Beaucaillou, 1988	¥28,000
Bordeaux: Margaux	
Ch. du Tertre, 1995	¥8,500
Pavillon Rouge du Château Margaux, 1994	¥2,000
Ch. Margaux, 1998	¥45,000
Bordeaux: Moulis	
Ch. Poujeaux, 2000	¥8,000
Ch. Maucaillou, 1996	¥8,000
Ch. Chasse Spleen, 1995	¥10,000
Bordeaux: Haut-Médoc and Médoc	
Ch. Beaumont, 2003	¥5,000
Ch. Potensac, 1998	¥6,000
Ch. Lanessan, 2003	¥6,000
Bordeaux: Pomerol	
Ch. Le Gay, 1995	¥10,000
Ch. La Fleur-Pétrus, 1994	¥14,000
Ch. La Conseillante, 1994	¥14,000
Bordeaux: Saint-Émilion	
Ch. Corbin Michotte, 1998	¥6,300
Ch. Troplong Mondot, 1981	¥12,000
Ch. Ausone, 1983	¥80,000
Côtes du Rhône	
Côte-Rôtie, Guigal, 2001	¥6,700
Hermitage, La Sizeranne, Chapoutier, 1997	¥12,800
Chateauneuf du Pape, Chaterau Rayas, 2003	¥28,800
America	
Ch. Montelena, Cabernet Sauvignon, 1999	¥9,100
Williams Selyem, Sonoma Coast Pinot Noir, 2002	¥14,000
Ridge, Monte Bello, 2001	¥12,300
Opus One, Robert Mondavi & Baron Philippe de Rothschild, 1999	¥38,000
Japan	
シャトー メルシャン、桔梗ヶ原メルロー 2001	¥12,000
サントリー、登美の丘ワイナリー、登美、2002	¥15,000

フランスのボルドーの生産者の頭につく「Ch.」は、「シャトー(Château)」の略で「生産者」の意味。

Vins Rouge

赤は「Rouge(ルージュ)」でロゼは「Rose」。

Bourgogne: Côte de Nuits

Gevrey-Chambertin, Rossignol Trapet, 2000	¥8,000
Gevrey-Chambertin, Louis Jadot, 2002 demi (375cc)	¥4,200
Morey-St.-Denis, Michel Magnien, 2001	¥5,500
Clos de Tart, Mommessin, 1999	¥19,000
Clos de Tart, Mommessin, 2003	¥22,000
Chambolle-Musigny, Louis Jadot, 2005	¥8,000
Musigny, Comtes George de Vogüé, 1999	¥38,000
Bonnes Mares, Louis Jadot, 1997	¥28,000
Vosne-Romanee, Robert Arnoux, 2000	¥10,000
Romanée-Conti, DRC, 1988	¥1,480,000
Nuits-St.-Georges, Daniel Rion, 2002	¥6,800
Haute-Côtes-de-Nuits, Jayer-Gilles, 2004	¥4,800

ドゥミと読み、ハーフ・ボトルのこと。何も書いてなければ750mℓの通常ボトル。

Bourgogne: Côte de Beaune

Aloxe Corton, Bouchard Père et Fils, 2000	¥7,200
Beaune, Clos des Ursuiless, Louis Jadot, 1995	¥13,000
Pommard, Rugiens, 1999	¥6,500
Volnay, Louis Jadot, 2000 (375cc)	¥3,800
Volnay, Louis Jadot, 2001	¥6,300
Chassagne-Montrachet, Louis Latour, 1998	¥6,700
Monthélie, Bouchard Père et Fils, 2003	¥6,200
Santenay, Les Graviéres, la Pousse d'or, 2001	¥7,400
Mercurey, Bouchard Pere et Fils, 2002	¥4,200

Bordeaux: Saint-Estèphe

Ch. Beau Site, 1998	¥5,000
Ch. Calon Ségur, 1998	¥12,500
Ch. Cos d' Estournel, 1999	¥15,000

Bordeaux: Pauillac

Ch. Lynch-Bages, 1998	¥12,500
Ch. Pichon-Longueville Baron, 1999	¥12,000
Ch. Lafite-Rothschild, 1994	¥40,000
Ch. Latour, 1986	¥60,000
Ch. Mouton-Rothschild, 1990	¥60,000

Bordeaux: Saint-Julien

Les Fiefs de Lagrange, 2003	¥5,000
Ch. Lagrange, 2003	¥12,000

こだわらなくていい？ 料理とワインのマリアージュ

ワイン通の大好きな話題が「マリアージュ」だ。フランス語で「結婚」を意味し、料理とワインの相性のこと。ソムリエ認定試験や、ソムリエ・コンテストでも、マリアージュの問題は必ず出る。

マリアージュの基本は、「出身地が同じ者同士」「似た者同士」「お互いに補い合う二人」の3つ。「同じ出身地同士」は、郷土料理に地元の酒を合わせること。これは鉄板的によい相性。「似た者同士」は、重い食事に濃厚なワイン、甘いデザートに甘口ワインを合わせるように、組み合わせ方を揃えること。これもよいマッチングだ。「お互いにないものを補う」は、結婚だけじゃなく食事とワインでも難しいが、ピタッと合うと感動的。例えば、生ハムのメロン添えに甘口のデザート・ワインなど。詳しくは、他の3つの要素を加えた「マリアージュ6つの法則」（88ページ）を見てほしい。とはいえ、一番大切なことは、「食べたいものを食べ、飲みたいものを飲む」ことだ。ワイン愛好家は、「牛ヒレ肉のグリエ、ベアルネーズ・ソースには絶対にサンテミリオンを合わせなきゃ」とミクロの蘊蓄《うんちく》を披露してみんなに嫌われる。眼隠し試飲でワインの銘柄と収穫年は、よほどのマニアでないと当たらないし、ブドウの品種まで言い当てられる人も少ない。だから、料理との相性を細かく決めても意味がない。

また、二人が違う料理を頼みワインの選択に悩んだら、泡のある酒が便利。ビールがどんな食べ物にも合うのはこのため。ビールじゃ貧乏臭いという場合は、高貴な泡のシャンパーニュの出番だ。

マリアージュ6つの法則

1 「地元の料理に地元のお酒」がよい相性。ブフ・ブルギニヨン（ブルゴーニュ風牛肉の煮込み）とブルゴーニュの赤、和食には甲州（白）。

2 「似た者同士」として、料理と同じ傾向のワインを選ぶ。
- 重い料理に重いワイン、軽い料理に軽いワインを合わせる。例えば、エゾ鹿肉のステーキとボルドーの渋くて重い赤。魚介のカルパッチョに軽い辛口白ワイン。
- 同じ格（高級食材に高級ワイン）。伊勢エビにモンラッシェは死ぬ前に1度は試したい……。
- 甘い食べ物に甘いワインを合わせる。例えば、タルト・ケーキにソーテルヌ（極甘口白ワイン）。

3 ワインには、油、塩、タンパク質がないので、これを含むものが合う。これが、「お互いにないものを補う」マリアージュ。定番的な組み合わせは、このケースが多い。例えば、「キャビアにシャンパーニュ」「フォアグラにソーテルヌ」「牡蠣にシャブリ（合わないと思う人もいる）」など。

4 食材の色とワインの色を合わせれば、大きな失敗はない。例えば、赤い肉に赤ワイン、白い魚に白ワイン。『ティファニーで朝食を』でオードリー・ヘプバーンは、「肉料理には赤ワイン、魚には白、恋にはシャンパーニュ」と言っている。

5 「結婚」には不幸な例もある。ワインに合わない代表が、カレー、数の子、明太子、からし、酢の物、塩辛、生卵、果物といわれている。無理にワインと合わせようとせず、ビール、日本酒を飲むとか、ワインしかないなら、別々に味わうようにすればよい。

6 迷ったら、「困ったときの泡頼み」でシャンパーニュのようなスパークリング系を。

料理が美味しくなるワインとは？

●和食

和食にもワインはよく合う。繊細さと複雑さが和食の命なので、ボルドーやカリフォルニアの濃厚で渋くて黒い赤ワインを合わせるのはNG。舌と喉をコールタールで塗りつぶす感じになり、料理が窒息死する。ワインは軽くて爽やかで、料理とケンカしない赤や白を合わせるのが基本。となると、「地元の料理に地元のお酒」のセオリー通り、日本の土着品種である甲州の白がピッタリ。

❶ 懐石料理や天ぷらには、軽くて複雑味のある甲州が絶妙の相性。
❷ 寿司には、日本酒が定番だが、酸味のキリッとしたブルゴーニュの白やシャンパーニュもいい。
❸ マグロの赤身の刺身には軽い赤ワインが合う。マニアは、同じ赤ワインを醤油に少し垂らすと、やたらプロっぽい。
❹ 鍋には、ドイツの半甘口の白がイイ相性。

なお、寿司屋としては、白木のカウンターで赤ワインを飲まれると、ハラハラするらしい。白木に赤ワインをこぼされると、シミになるからだ。そのこともあって、シャンパーニュや白を出すところが多いそう。なるほど。

●中華料理

中華料理は、大勢で円卓を囲み、大騒ぎ、大笑いして食べるイメージがある。カップルで楽しむフレンチやイタリアンと違って、ワインとロマンスがイマイチ似合わない。食べ物が中心になり、お酒は紹興酒かビールのどちらかになったりする。

意外におすすめなのが、半甘口のドイツの白か、フランス南部のロゼを少し冷やしたもの。肉、魚介、野菜などいろんな食材がいろんな調理法で出る中華の性格上、何にでも合う八方美人的ワインを選ぶことになるが、とっておきは、シャンパーニュ、それも、少しボディーのあるボランジェ系を合わせるとよい。

●チーズ

最近、日本でも世界のチーズが手軽に買えるようになった。チーズ認定試験もあり、チーズ愛好家が急増した。チーズとワインを合わせるときの基本は、食べ物のマリアージュと同じで以下の通り。

❶「地元の料理に地元のお酒」として、同じ地方のチーズとワインを合わせる。例えば、イタリアのピエモンテ州の濃厚なブルーチーズ、ゴルゴンゾーラに、ピエモンテのバローロなど。
❷「似た者同士」として、繊細なチーズに繊細なワイン。例えば、白カビ系チーズとシャンパーニュ。
❸「お互いにないものを補う」として考えられるのは、塩味のあるチーズに甘口ワインや酸味の効いた白、脂肪分の多いチーズに渋みの強い濃厚な赤の組み合わせ。例えば、塩の効いたロックフォールと甘口のポート。これは、人生に絶望するほど絶妙のマッチング。

ホスト・テイスティングの決めゼリフとは？

ソムリエがワインやシャンパーニュを持ってきたら、最大の関門、ホスト・テイスティングだ。

まず、ボトルとラベルを見て、銘柄、赤白、ヴィンテージ、ボトルの大きさが注文したものかをチェックする。彼女との話に夢中になりテキトーに返事すると、頼んだものと違う1本10万円のワインだったりする。よくあるのが、ボトルのサイズ違いと、ヴィンテージ違い。

次がホスト・テイスティングだ。映画では、グラスをグルグル回し、鼻をヒクヒクさせて香りを嗅ぎ、「クランベリーの香りが豊かな赤ですね。熟成の頂点は2011年頃でしょう」なんて言うが、そんな大袈裟なものではなく、ワインが傷んでないことと、温度が適当かを確認する儀式。香りを嗅ぎ、少し口に含み、何もなければ「はい、お願いいたします」と言う。10秒以内で終えるとカッコイイ。

欠陥ワインで一番多いのがブショネ。変質コルクの匂いがワインにうつり、湿った段ボールの匂いがする状態のことをいう。ブショネのボトルは、無料交換してくれる。ブショネの確率は5％前後と結構高いが、初心者には分かりにくい。そこで、「ブショネがよく分からないんですが、ブショネじゃないですよね」とソムリエに聞く裏技がある。プロでもブショネの感度に大きな差があるし、ブショネというプロ用語を知っているのがアピール・ポイント。

ソムリエに何か言いたければ、白やシャンパンの場合、「少し冷やして（逆に、温度を上げて）」とお願いすればよい。温度の注文は簡単だが、プロっぽく聞こえるので、ハッタリ度は抜群。

10秒が目安、ホスト・テイスティングの所作

❶香りを嗅ぐ。このときに、欠陥ワインかどうかが分かる。「欠陥ワインの王様」がブショネで、赤白ワインだけじゃなく、少ないながらシャンパーニュにもある。駅弁の木の弁当箱を水に浸けて地下室に1週間放置したような不快な匂いで、プロに教えてもらわないとなかなか分からない（教えてもらった瞬間からすぐに分かるようになるので、以降、少しでもブショネだと得意になって大騒ぎする人も多い）。

❷ワインを少量口に含んで温度と味をチェックする。「思っていた味ではない」という理由ではワインを交換してくれないので注意。温度も適切で、ワインも健全であれば、「お願いします」と言う。

右回し? 左回し? グラス回しのコツ

●グラス回し

ワイン愛好家に共通するしぐさが「グラス回し」だ。レストランでクルクル回すのは当たり前。会社の会議で、資料を見ながら紙コップのコーヒーをクルクル回すし、社員食堂でも水のグラスを無意識のうちに回してしまう。なぜ、グラスを回すのか?どうすればカッコよく回せるだろう?

グラスのワインを回すと、ワインが空気に触れてワインの香りや味わいが急に大きくなる。これをプロは「ワインが開いた」と喜ぶのだ。特に、温度が低いワインや、若いワインは、香りや味わいが「閉じている」ので、クルクルして温度を上げたり、空気に触れさせて開かせる。グラスが大きいほど回しやすいし、大量の空気に触れるので大きく開く。クルクル回すと美味く感じるので、水でもミルクでも無意識に回すのだ。ワイン通に見せかけたいなら、あらゆる液体をクルクルするとよい。

グラス回しの基本は次の通り。

❶ テーブル・クロスにグラスを置き、ステム(グラスの脚)をつまむか、人差指と中指で挟み、クロスの上で滑らせると簡単。

❷ 右利きの人は、上から見て反時計回りに回すのが正式(ワインが飛び散った場合、身体でブロックできるから)。

❸ どの程度の勢いで回せばこぼれないか、自宅で少し特訓をするとすぐにコツがつかめる。

ワインの香りを開かせるコツ

デキャンタージュ

ソムリエ自慢の大技が、ワインを別の容器に移し替える「デキャンタージュ」。目的は、「澱のあるワインの上澄みを別容器に移す」「香りが閉じている若いワインを空気に触れさせ、開かせる」「単なるプレゼンテーション（要は、カッコイイということ）」の3つ。時間がかかるので、申し訳なさそうにお願いすること。デキャンタージュをやると、お相手は「私のためにこんなスゴいことを……」と大感激するはず。ダメ押しに、ラベルを剝がしてもらおう。

ワインの良し悪しを決める香りをつかむには

ワインの良し悪しを評価する場合、味と香りのどちらが重要か？　答えは、「圧倒的に香りが大事」なのだ。ヒュー・ジョンソンという世界的なワイン評論家は、「ワインの魅力の80％は香り」と言い切っているし、世界の全ての高級ワインの価格を決める男といわれるロバート・パーカーも、超有名な（悪名高い？）「パーカー・ポイント」において、香りは味の2倍に配点している。ワインの命は香りなのだ。

動物の中で、人間は嗅覚が物凄く鈍い。同じ香りを嗅ぎ続けると、人間の嗅覚はすぐマヒするので、最初に嗅いだときが勝負（香水の世界では、コーヒー豆の香りで嗅覚を元に戻すそう）。

どんなに安いワインにも、最低5、6種類の香りがあるといわれている。香りの表現は「ワイン学」の中でも最も難しい。ワイン学校のテイスティング講座では、最初の人が「リンゴの香りと、ハーブのニュアンスがあり……」とコメントすると、二人目以降、これに引きずられて「やっぱり、リンゴとハーブが……」という展開になったりする。香りをシステマチックに分析できると、物凄くマニアっぽい。

そんなプロの域に達しなくても、ワインの香りはどう嗅ぐのか、どんな香りがあるのかを知っているだけで、ハッタリが利く。この項では、ワインの香りの基本について説明する。

最初の一瞬が勝負、香りの見方

テレビや映画では、高級ワインを試飲するシーンがよくある。グラスをグルグル回し、「露の降りた薔薇の花弁のような高貴な香り、そして、獲物に襲い掛かる獣のような荒々しさ……」と意味不明のコメントを5分以上続けていたりする。これは、全くのフィクションの世界であり、現実にこんなことを言うと、みんな逃げてしまう。ワインを飲みながら、即興で詩を作っているに過ぎないので、無視してよい。香りを嗅ぐ（「香りを取る」というプロもいる）手順は次の通り。

❶ グラスにワインを2cmほど注ぐこと。飲むときよりもかなり少なめに入れる。絶対に入れすぎちゃダメ。

❷ プロの試飲や、ワイン学校でのテイスティングでは、2回に分けて香りを嗅ぐ。まずは、グラスを回さず、鼻をグラスに入れて（ワインを鼻に入れないこと） 匂いを嗅ぐ。この香りを専門用語で 「アロマ」と呼び、ブドウ本来の香りがする。このときにブドウの品種が分かる（はずだけど、トップ・プロでもよく間違える）。人間の鼻は、すぐ馬鹿になる。だから、この「ブドウの品種当て」は、居合抜きみたいに一瞬が勝負。真っ黒のグラスに入れ、究極のブラインド・テイスティングをすると色が分からないため、赤ワインと白ワインのブドウを間違えたりするのはざらだ。

❸ 次に、グラスをグルグル回した後で匂いを嗅ぐ。この香りを「ブーケ」と呼び、ワインの醸造や熟成の様子が分かる（はずだけど、なかなかそうはいかない）。アロマの頭文字が「A」、ブーケが「B」なので、ABの順番と覚えれば忘れない。

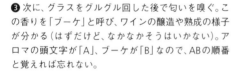

白ワインの香りの基本会話集

香り表現は、「××のような」と身近な匂いで表す。
白ワインの香りでよく使う表現は次の通り。

❶「リンゴ」「白い花」「白いフルーツ」が基本。「ハーブ」や「スパイシー」も香り表現の常連だ。白桃、ライチ、梨、グレープフルーツのように、具体的なフルーツの名前を挙げられれば、パーフェクト。プロの技だ。

❷香りは感じるが、何と表現していいのか分からない場合（しょっちゅうある）、「物凄く果実味を感じますね」と逃げればいい。「果実味がある」は、赤白問わず、どんなワインでも使える表現。中学生や高校生に「若いですね」と言うぐらい当たり前すぎる表現だけど、異常にプロ度が高く聞こえるから不思議だ。「フルーティー」も全く同じ意味だが、「果実味がある」よりも安っぽく聞こえるのがツラい。

❸高級な白ワインに特徴的なのが樽の香り（プロ用語で「樽香」と呼ぶ）だ。高級日本酒に檜の香りをつけるように、高級白ワインは何が何でもオーク樽の香りをつける。ワインでの樽の香りは、無条件に「バニラの香り」という。樽の香りがきついと（カリフォルニアの白に多い）、「樽が強いね」とか「木工所で割り箸をかじりながら飲んでる感じ」とか「うわぁー、タルタルだなぁ」とか「厚化粧だなぁ」と悪口を言われる。

❹「蜂蜜」と「ナッツ」の香りも高級白ワインのキー・ワード。1本1万円以上する白ワインを飲むとき、とにかく「蜂蜜やナッツの香りを感じますね。バニラ香もあります」と言うとハッタリ抜群。

赤ワインの香りの基本会話集

白ワインと同様、赤の香り表現も、「××のような」と身近な匂いで表す。赤の香りでよく使う表現は次の通り。

❶ イチゴやブルーベリーのような「ベリーの香り」が赤の香りの基本。ここに、「プラム」や「アンズ」のような「赤いフルーツ」「スパイス」「ハーブ」が混じる。白ワインの場合と同様、香りは感じるが、表現法が分からないときは、「果実味がありますね」と逃げる。

❷ 高級高価な赤ワインは、高級白と同じで、樽の「バニラ香」は自動的についてくる。これプラス、「紅茶やコーヒーの香り」「皮の香り」が高い赤のキーワード。

❸ ちょっと変わった香りは、まとめて「ハーブっぽい香りがします」「スパイシーですね」「エキゾチックな香りがあります」で逃げればいい。

❹ 高い赤ワインを飲ませてもらったけど、何と言って褒めればいいか分からない場合、「物凄く複雑な香りですね」とコメントすればいい。「複雑」は、香りと味わい表現のプロ用語で、最高の褒め言葉。逆に、「チャーミングなワイン」や「正直なワイン」は1本500円の日常用ワインに使う。人間の性格表現では、正直は美徳だけど、ワインでは全く逆だ。

❺ 熟成したワインはどんな香りが出るか？ 10年以上経ったワインには、そろそろ熟成香が出る。いわゆる「紹興酒」、「シェリー香」で、ワインを飲み残して次の日に出てくる酸化した香りだ。ラベルのヴィンテージを見て、10年以上前のワインなら、無条件に「少し、熟成香を感じますね」と言えば、物凄くそれらしい。

白ワインの味わいは、レモネードと一緒

香りに比べると、味わいはかなり単純だ。

白ワインの味わいの基本は、酸味と重量感の2つ。酸味をレモン汁の分量、重量感を砂糖の量と考えて、レモネードの味にあてはめてみると分かりやすい。

酸味は、白ワインの大きな特徴なので、「酸がキレイ」「タップリしている」「シャープ」などと、まずは酸味を表現するプロが多い。高級白ワインになるほど、アルコール度や溶けているエキス分が多くなり、重量感が出る。なお、白ワイン用語として、誰でも普通に使っているのに、誰も本当の意味を知らないのが「ミネラル」。一般に、甘みがなく超辛口の白に使う。超辛口の白ワインに、「ミネラルがありますね」とか「ミネラル感がたっぷりですね」と表現する。ミネラルを「辛口だが旨味がない」の意味で使う人もいる。

赤ワインの味わいの基本は、酸味、重量感、渋みの3つだ。白ワインと圧倒的に違うのは、赤には渋みがあること。出しすぎた紅茶やお茶を飲むと、口の中（特に舌の上）がザラザラする。これがタンニンで、渋みの原因になる。適

度な渋みがよいけれど、ボルドー系のワインは、若いうちは口が曲がるほど強烈な渋みがある。酸味は白ワインと同じだ。重量感も、基本的には白ワインと同じ。プラス、赤ワインの場合、あまりに濃厚だと（特に、高価なボルドー系）、「頭の毛穴からタールが滲み出るみたい」とか、「夏の暑い日には飲みたくないなぁ」などと言う人も多い。

ワイン通になる味わいの会話集

●白ワイン

白ワイン特有の「ミネラル感」は「ミネラルがありますね」とか「ミネラル感がタップリですね」と試飲会でプロが1時間に10回も使うのに、みんな、それぞれの意味合いはバラバラだ。もとは、花崗岩の石碑を舐めたみたいに硬質的な味わいのワインを言っていたが、今では、超辛口のニュアンスで使っている。だから、甘くないワインを飲んで「少し、ミネラル感がありますね」と言うと、上級者のオーラが出る。

●赤ワイン

ボルドーの赤は大きな渋みが特徴。一口飲んで、無条件に「渋みが強い」と言えばそれでOKだけど、それでは芸がないので、「うわぁ、タンニンの爆弾だぁ」「口の中に紙ヤスリを敷いたみたいにギシギシしますね」などと言う。この渋みが、10年、20年の年月を経て円やかになる。渋みが強いのは、若いワインなので、渋い赤を飲んで、「まだ10年早かったなぁ」などと言うプロも多い。で、「じゃあ、デキャンタージュしようか?」との流れになったりする。

ブルゴーニュ系の赤ワインは、逆に酸味が特徴。特に、安い赤は酸っぱい。渋みがタップリ乗ったものは、1本5千円以上の高級ワインと思ってよい。「ブルゴーニュなのに、渋みがありますね」は超プロっぽい表現。1本1万円超のレア物には、ブルゴーニュ・クレージーが狂喜する「ほのかな甘み」がある。少し甘みを感じたら、「さすが、ブルゴーニュ、甘みがイイ感じですね」と言おう。その後で、必ず誰かが、「今日は、甘いものを口にしたのでしっかり歯磨きします」とジョークを言うのがお約束。

ソムリエを味方につけて、ディナーを成功させる

　タキシード姿のソムリエが、分厚いワイン・リストを持って現れると、ちょっと圧倒される。そんなとき、ソムリエと対等に会話をしているように見せかけながら、正解を選ぶ方法が2つある。

　まずは、ワインで迫る方法。ワイン・リストを見て「目移りしますね」と言いながら、以下のように話を進める。「ボルドー系の重量感のある（ドッシリした）赤（か白）で……」、あるいは、「ブルゴーニュ系のエレガントで（軽やかで）香りの高い赤（か白）で……」（自分の好みでどちらかをテキトーに選ぶ）と切り出し、香りと味わいの項で触れた用語、「果実味」「複雑」「ミネラル」などを使ってハッタリをかまし（例えば、「果実味がタップリあって、複雑な味わいのもので」）、決まり文句として「……で、私にもオーダーできる手頃な価格のワインを選んで下さい」とお願いしよう。

　ソムリエは、「おいおい、そんなワインが安く買えるんならオレが買い占めるよ」と思いながらも何種類か選んでくれるので、その中で一番安いのにすれ

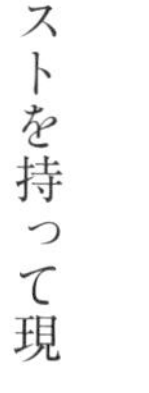

レストランへ行く前に……

レストランでの勝負ディナーや、記念の食事で完璧を期するなら、ソムリエを味方につけるべきだ。ソムリエは、ロマンスのキューピッド役や、記念イベントが大好き。以下の手順でソムリエとお店のスタッフ全員を味方につければ、ロマンスも記念の食事もうまく行く可能性は非常に高い。

❶ 予約のときに、ワイン・リストと食事のメニューをFAXで送ってもらうか、ホームページで検索しよう。数日あれば、ワインや食事を調べられるし、値段が分かることは物凄いアドバンテージだ。

❷ ソムリエにこちらのシチュエーションを伝えよう。例えば、「彼女にプロポーズしたいので、お力添えをいただきたいのですが」と言うと、「では、お花をご用意しましょうか」「個室をお取りします」などと提案してくれる。

❸ 次に、ワインの選択。相手が一番感動するワインは、相手の誕生年ワインだ。古酒なので、レストランにない場合が多い。そんなとき、ワインショップで買ったものを持ち込ませてもらう（持ち込み料を支払う必要あり）など、親身になって提案してもらえる。

❹ 理想は、一度店に行って相談すること。そうすれば、食事やワインの相談に乗ってくれるし、本番でレストランへ行ったとき、顔を見ただけで、受け付けのコンシェルジュがニッコリほほ笑んで、「いらっしゃいませ、○○様」と名前で呼んでくれて、毎月食事をしている常連の扱いを受ける。ワイン選びでも、キミを持ち上げながら、ソムリエと対等の会話をしている雰囲気を演出してくれる。

ばよい。

もう一つはシャンパーニュで迫る方法。ワイン・リストに「Brut《ブリュット》（辛口）」と書いてあるものなら、ほとんどの料理に合うので、価格で選べばよい（114ページを参照）。最初の前菜から最後のデザートまで、ずっとシャンパーニュで通すのは、簡単だけどレベルが非常に高いプロの技だ。

これ以外に、グラス・ワイン、グラス・シャンパーニュで迫る方法もある。グラス物はレストランの顔なので、良いものを安く飲めるし、いろいろな種類が楽しめる。1本飲めない場合にも重宝する。

知らないと恥ずかしい、レストランとビストロのマナー

レストランで食事をする場合のマナーは、「他人から見て自分の服装や動作が見苦しくない」が最重要。「自分が飲み食いしやすい」ことはどうでもいいのだ。レストランの格に合った服装をすることが不可欠で、高級な三つ星レストランへ、穴のあいたジーンズ姿で行くと、「臭いものに蓋」的にトイレのそ

ばの人目に触れない席へ座らせられたりするので注意。レストランでワインを飲む場合、基本的なマナーは、気軽なビストロと高級高価なレストランでは違う。

まず、フレンチ風の食堂という感じの気軽なビストロでは、価格が安い分、専用のソムリエを置く余裕がない。ワインやシャンパーニュの最初の1杯はソムリエ（兼ギャルソン）が注いでくれるが、2杯目以降は自分で注ぐこと。社員食堂で、水のコップが空になっても食堂のオバチャンが注ぎにこないのと同じ。お相手のグラスが空になったら、注いであげよう。

高級フレンチやイタリアンのレストランでは、ワインのマナーはビストロと正反対。基本は、自分でワインを注ぎ足さないこと。自分で注ぐと、「あんたのサービスは不十分だよ」とのメッセージになり、ソムリエは気を悪くする（注ぎにこないソムリエが悪いとは思うけど……）。なお、飲み疲れた場合、手の平でグラスの上に蓋をするしぐさをすると、ソムリエはワインを注がない。この動作は、わんこそばと同じ？

ビストロのワインマナーNG集

気軽なビストロにて、自分でワインを注ぐ場合、以下に注意すること。

❶ ワインは、グラスに満杯にしない。3、4cm程度にすること。たくさん入れると、カッコ悪いし見苦しい上、グラスを回せず、ワインの香りも立たない。

❷ シャンパーニュのように、スパークリング・ワインの場合は、キレイな泡を見るため、半分以上入れてもよい。

❸ ワインを飲み切ってから注ぎ足すこと。冷やしてサービングする白ワインは、冷たいまま飲むのが基本。温度が上がらないうちに飲み切るように、グラスが小さいのだ。オヤジが渦巻く宴会では、部長のビールが1cmでも減ると、「こりゃ、気が付きませんで」と注ぎ足すけれど、ワインの場合はダメ。

❹ 注いでもらう側は、グラスを持たず、テーブルに置いたままにしておくこと。日本人の習性で、年長者に注いでもらうと、恐縮して宴会チックにグラスに手を添えてしまうが、不要だ。

❺ グラスを持つ場合、グラスの胴を鷲づかみにせず、ステム(脚)か台座を持つ。こうすると、手の温度がワインに伝わらないし、優雅に見えるし、指紋がベタベタつかない。

❻ ワインで乾杯するときは、グラスをカチーンと触れさせてはならない。グラスを少し持ち上げて、相手の目を見て「じゃあ、乾杯」と言えばよい。高級なグラスは脆いので、ビールの乾杯みたいに強く触れさせると割れることがあるので注意。これは、高級レストランでも同じ。

初めから差をつける、アペリティフ（食前酒）

テーブルに着席すると、髪を七三に分けたタキシード姿のソムリエが現れ、威圧感たっぷりの笑顔で「食前酒をお召し上がりになりますか？」とオーダーを聞きにくる。さて、どう切り抜ける？

「いつもの香港飯店なら『水ちょうだい』だけれど、水は頼みにくいなあ。緊張で喉がカラカラなんでビールを飲みたいけど、居酒屋の客みたいで馬鹿にされそう……」と焦る必要はない。「シャンパーニュをお願いします」と頼めばよい。貴族の酒、シャンパーニュは最高の食前酒。シャンパーニュを頼むとソムリエは、「おっ、この客はデキるな」と身内扱いしてくれる。どんな店でもグラス売りのシャンパーニュがあるし、後の食事でもシャンパーニュを飲むなら、ボトルでオーダーしてもよい。応用編が、シャンパーニュとカシスのカクテル、「キール・ロワイヤル」。紫色が美しくスタイリッシュで美女にピッタリ。

食前酒が出るタイミングで、食事のメニューも出てくる。昼飯を食べに行く定食屋じゃないので、メニューを渡されて30秒でオーダーするのはカッコ悪い。

メニューなんかそこら辺に捨て置いて、アペリティフのシャンパーニュを飲みながら、二人でネバネバと15分ほど、馬鹿話に興じるのが場慣れしたプロの態度だ。話すことがないんなら、今週、レンタルビデオで見た「古畑任三郎」と「暴れん坊将軍」と「水戸黄門」のあらすじを話すと時間が潰れる。その後で、メニューを見ながら、ああでもないこうでもないと15分かけて食事を決める。これでアペリティフを軽くクリアーだ。

スマートに始めるアペリティフ

シャンパーニュ

食前酒だけでなく、食事のときにも、食後にもピッタリなのがシャンパーニュ。いつ、どんなシチュエーションで飲んでもいいし、スタイリッシュでオシャレ。

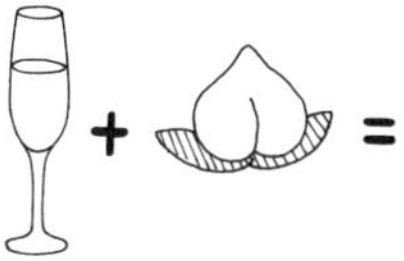

ベリーニ

シャンパーニュとピーチ・ネクターをブレンドしたイタリア生まれのカクテル。色が美しいし、桃の甘みとシャンパーニュの酸味が絶妙のバランス。大人の女性に似合う。

キール

超古典的な食前酒のカクテル。ブルゴーニュの白ワインにクレーム・ド・カシスをブレンドしたもの。スタイリッシュに迫るんだったら、少し高いけど、キール・ロワイヤルがおすすめ。

キール・ロワイヤル

超級イイ女が飲むアペリティフはこれしかありえない。シャンパーニュにある超名門レストラン、「ボワイエ」では、目の前で、3秒でカッコよく作ってくれる。

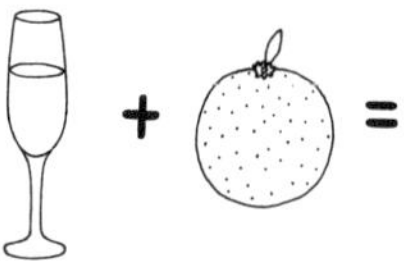

ミモザ

オレンジ・ジュース1/3とシャンパーニュ2/3をブレンドした食前酒のカクテル。家庭でも簡単にできるので、試してみては?

イチゴ＋シャンパーニュ

グラスにシャンパーニュとイチゴを1個入れる。映画『プリティ・ウーマン』に登場して大流行した。ジュリア・ロバーツの気分で飲む?

ディナーの最後を飾る、ディジェスティフ（食後酒）

フレンチのコースを締めくくるのがデザート（フレンチでは気取って、「デセール」と呼ぶ）で、ソムリエが「ディジェスティフはいかがですか？」と聞いてくる。ディジェスティフは、アルコール度数が高く、甘みの強い酒で、食べ物をダイジェスト（消化）する食後の酒だ。満腹の胃袋に甘くて濃厚なディジェスティフを流し込むと、ポヤーンと物凄くイイ気分になり、アラビアン・ナイトの王様なら「余の王国を授けてつかわす」と言うに違いない。

アペリティフ（食前酒）は、かなり一般に浸透しているが、ディジェスティフは、まだまだ日本では馴染みが薄い（「ディジェスティフ」より「食後酒」の方が通りはよいだろう）。また、かなり酒に強い人でないとオーダーできない。だからこそ逆に、ディジェスティフを頼むと、酒の玄人ぽく見えて、ソムリエも見直してくれるはずだ。

食後酒として一般的なのが、デザート・ワイン、シャンパーニュ、ポート・ワイン、マール、グラッパ、コニャック、リキュールだ。どれも、小ぶりのグ

カッコよく決めるディジェスティフ

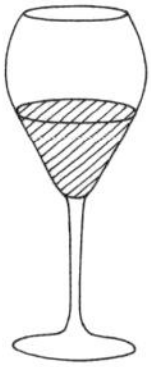

❶デザート・ワイン

超甘口の白を凍るほどに冷やし、イチゴが1個入るほどの小さいグラスで飲むとゴージャスな気分に。デザート・ワインは、「酸がキレイ」とか「酸味と甘味のバランスが絶妙」と褒めるのが定番。

❷シャンパーニュ

アペリティフと同じもので可。食後にグラスで1杯飲むだけでプロの雰囲気がプンプン。チーズ（気取る場合は「フロマージュ」と言う）と一緒に飲むと、誰が見てもグルメ歴20年。

❸ポート・ワイン

アルコールが強めの甘口ワイン。女性が、最小面積のイヴニング・ドレスを着てポート・ワインをオーダーすると、相手の男性は、タキシードを着たレット・バトラーくらい男臭くないと太刀打ちできないかも。さらに、シガーを吸うと完璧。タバコを吸わなくてもシガーを愛好する人は多い。イイ女がゆったりとシガーを吸っているのはとてもスタイリッシュでよい景色。

❹マール、グラッパ

ブドウ・ジュースを搾りとった粕で造る、いわゆる「粕とりブランデー」。酒の格としては低いけれど、プロ度は圧倒的に最高。フランス産がマール、イタリア産がグラッパ。癖が強いので、よほどのグルメしかオーダーしない。チェーサーに、水ではなく、ブドウ繋がりのシャンパーニュを飲むと、カッコよすぎ？

❺コニャック

ワインを蒸留して造ったハード・リカーがコニャック。格としては、マールやグラッパより高い。高級高価で王道ながら、意外性や面白みに欠ける。

❻リキュール

コアントロー、ペルノ、ベネディクティンDOMみたいなリキュールもオーダーするとプロっぽい。

ラスで冷やして1杯出てくる。ワインのプロでも、アペリティフと食事中のワインをタップリ飲むと、最後はダウンするので、ディジェスティフまでたどりつかないことが多い。最後を食後酒でカッコよく決めたいなら、食事中に飲みすぎないことが重要だ。

困ったときの泡頼み、シャンパーニュ

高級フレンチレストランへ行って、食事をオーダーした後、広辞苑ほど分厚いワイン・リストを渡されるとオロオロする。何百種類ものワインから何を選べばいいか迷う。フランス語で書いてあって、分かるのは値段だけ。聞いたことがある銘柄は10万円以上するし、お手頃価格はどれがいいか不明。ソムリエまかせにしてもよいが、自分で選んでカッコよく迫りたいならシャンパーニュで決まりだ。

シャンパーニュとは、シャンパーニュ地方で造ったスパークリング・ワイン（泡の出る白ワイン）のこと。泡が出れば、なんでもシャンパーニュと呼ぶのは、

どんな料理にも合うシャンパーニュ

世界中、どんなレストランへ行っても、次の11種類のどれかは必ずリストに載っている（上ほど軽やか、下ほど重厚。★は高プロ度）。

★	Taittinger（テタンジェ）
	Pommery（ポメリー）
	Moët & Chandon（モエ・エ・シャンドン、略称「モエ」）
	G.H. Mumm（ジェ・アッシュ・マム）
	Piper-Heidsieck（パイパー・エドシック）
★	Louis Roederer（ルイ・ロデレール）
	Laurent-Perrier（ローラン・ペリエ）
	Veuve Clicquot（ヴーヴ・クリコ、略称「クリコ」）
★	Pol Roger（ポル・ロジェ）
★	Bollinger（ボランジェ）
★	Krug（クリュッグ）

テタンジェ、ポル・ロジェ、ボランジェはかなりプロっぽいので、「テタンジェみたいなエレガント系が好きなんですが、似たシャンパーニュを選んで下さい」とか「ボランジェ的なノンヴィンをお願いします」「ジェ・アッシュ・マムを下さい（G.H.をフランス語でジェ・アッシュと読むのがポイント）」とサラリとオーダーできればめちゃくちゃカッコイイ。

大阪の寿司を「江戸前」と呼ぶのと同じでレッド・カードだ。

　シャンパーニュには高貴な雰囲気があり、これを利用しない手はない。シャンパーニュなら多くても10種類。特に、ワイン・リストにＮＶ（フランス語表記はＳＡ）と書いてあるノン・ヴィンテージ（略してノンヴィン）がおすすめだ。なぜ、泡がそんなにエラいのか？　世界のどんな超高級レストランでも１本１万円（１００ドル、１００ユーロ）程度。１万円から始まるワインに比べると、値段が手頃だ。また、ビールがどんな料理にも合うように、同じ泡もののシャンパーニュは、肉、魚、野菜などどんな料理にもピタリと合う。シャンパーニュは、「貴族のビール」と思えばいい。アペリティフから食中、食後まで全てシャンパーニュで通すのは何とも粋でカッ

コイイ。海外でグルメ修業を積まないかぎり、なかなかできない技だ。

朝シャンのススメ

シャンパーニュの最大輸入国がイギリスだ。エリザベス女王、チャーチル首相、ジェームズ・ボンドをはじめ、イギリス人はシャンパーニュが大好きな国民。そのイギリス人に、いつ飲むのが美味しいかと聞くと、必ず、「朝のシャンパーニュが最高」と答える。

休日の朝、目覚まし時計ではなく自然に目が覚めた後、しばらくベッドの中でクネクネしながら何の予定もないことを確認する。そんな日は、朝からシャンパーニュを飲むのに絶好だ。シャンパーニュの味が変わるので、歯を磨いてはならない。

昨日の残り物を肴にシャンパーニュを飲むのだけれど、何も食べるものがなければ、濃縮蕎麦ツユを水で割るとよい。

シャンパーニュのアミノ酸と、蕎麦ツユのアミノ酸が絶妙の組み合わせ。

　蕎麦ツユを舐めながらシャンパーニュを飲み、腰を据えて新聞の休日版クロスワード・パズルを解いたり、読みたいのを我慢していたミステリーの最後の40ページをチビチビ読む。そろそろ犯人が分かるというワクワク感と、読み終わるもったいなさが、シャンパーニュの酔いと混ざり、物凄く眠くなる。しばらく睡魔と戦って、そのうち全面降伏する心地よさは最高。1日を怠惰に、無駄に過ごす充実感は、朝シャンでないと味わえない。ようこそ、健全なる堕落の世界へ！

勝負ディナーは、デザートで決まる

高級レストランでの3時間に及ぶ「勝負ディナー」コースで、圧倒的に重要なのが、最後の20分のデザート・タイムだ（気取る場合は「デセール」と言おう）。アミューズ、前菜、メイン・ディッシュは、デザート・タイムのための「露払い」。このときに、お花や指輪をプレゼントしながら、10年分の勇気を振り絞り、1週間考えた言葉で告白するのは欧米でも同じ。この時間のために、何週間もかけて入念に準備し大金をはたくのだ。では、デザートで何をオーダーするか？

デザートに迷ったら、甘いものとディジェスティフ（食後酒）の「食後の6C」の中からテキトーに2つ選べばよい。6Cとは、シャンパーニュ（champagne）、コニャック（cognac）、コーヒー（coffee）、チーズ（cheese）、チョコレート（chocolate）、シガー（cigar）だ。6Cがうまく行けば、ウフフの「7番目のC（caress：抱擁）」が待っているかも。

ディジェスティフは、ポート、コニャック、シャンパーニュのように甘みと

食後の6C黄金の組み合わせとは？

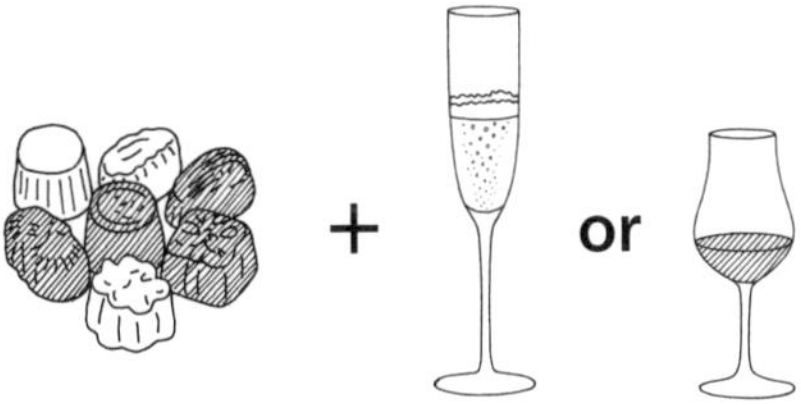

●チョコレート＋（シャンパーニュか、コニャック）
基本ながら、かなりプロっぽい選択。トリュフ系のチョコレートがシャンパーニュに合う。

●チーズ＋シャンパーニュ
高級フレンチでは、食後のチーズをワゴンに乗せて見せにくる。食後にチーズ（特に、ウォッシュ系の臭いチーズ）を食べる人は、ヨーロッパでの滞在経験がある人。ポイントは高いが、勝負の日は香りを控えめのにしよう。チーズではなく、フランス語で「フロマージュ」と言うと上級者風。

●コニャック＋シャンパーニュ
シャンパーニュをチェーサーにコニャックを飲むなんて、巡洋艦みたいな男臭いヤツにしかできない芸当。女性が、そんな「男前なこと」をやると、ソムリエさんは、20年間顔を覚えてくれるはず。でも、無理しないように。

アルコール度の強い食後の飲み物で、消化を助ける。アペリティフ（食前酒）に比べると、ディジェスティフをオーダーする人は少ない。これは、アペリティフより認知度が低いことと、前述のように、ワイン通でもかなり酒に強くないとデザートでシャンパーニュやコニャックを飲めないためだ。デザートでも酒を飲むのなら、食事中のワインは控えめにするか、その夜の「勝負」は延期すること（でないと、「コールド負け」の可能性が大）。

第4章 ホーム・パーティーにて

ワイン道をきわめるなら質より量

レストランで豪華な食事とともに飲むワインは、マリアージュが完璧で、ソムリエのサービスも心地よく、物凄く感動する。それと同じぐらい楽しくて美味しいのが家で気軽に飲むワインだ。

「ワイン道」は語学の勉強と同じで、質より量が圧倒的に重要。1本100万円もするロマネ・コンティを年に1回だけ飲む人と、1280円のワインを毎日1本飲む人では、どちらがワインの達人か明らかだ。毎日、家庭の料理に合わせて、気軽なワインをグラスに2、3杯、フツーに飲むようになれば、フランス人以上の「ワイン道」の立派な黒帯クラスだ。

ホーム・パーティーは物凄く楽しい。「白・赤・シャンパーニュ、なんでもいいからワインを1本持ってきて。それとお惣菜を1品頼むね」と友人を5、6人呼んで、持ち寄りワイン会を開くと、めちゃくちゃ乱れて盛り上がる。自分が選ぶと、同じ系列のワインばかりになって、どうしても世間が狭くなる。友人の持ってきた「初めての別世界のワイン」を飲んで、「ヘェ、こんなワインがあるんだぁ」とビックリし、ワイン観が大きく広がるはずだ。また、ワインと食べ物の「秘密のマリアージュ」も教えてもらえたりする。時間を気にする必要もなく、子供が騒いでも平気。こんなに楽しいワイン会が、レストランで払う金額の１／３以下でできる。

この章では、家で飲むワインをもっと美味しく楽しくする方法を取り上げる。

ワインの味と香りを最大限に引き出すグラス

家でワインを飲むには、ワイングラスとワインオープナーがあればいい。ワインの種類により、味と香りを最大限に引き出すグラスの形が違う（らしい）ので、グラス選びは結構悩ましい。いろんなワインに対応するには、どんなグラスを揃えればいいんだろう？

ワイングラスの基本法則をいくつか挙げると、まず、グラスが大きくなるほど、ワインの香りが開き、美味く感じる。だから、1万円のワインを酒屋のオマケ・グラスで飲むより、1280円のワインを金魚鉢みたいな超大型グラスで飲む方が圧倒的に香りが立つし、美味しいのだ。一方、冷やして飲む白ワインやスパークリング・ワイン用のグラスは、冷えている間に飲み切れるよう、小さい。室温で飲む赤ワイン用はサイズが大きい。また、グラスの色も重要だ。ワインの色が分かるように、プロはシンプルで透明なグラスを使う。切子やグラヴィールが入っていて、しかも着色グラスなんてのは問題外。そんな悪趣味グラスは、正倉院の宝物殿に入れておこう。

　意外なことに、グラスは消耗品だ。しかも、高級グラスほど割れやすい。高価なグラスのステム（脚）は、雪原に1羽たたずむ丹頂鶴の脚のように、物凄く華奢。酔った勢いでグラスを洗うと2、3個まとめてピキピキとステムを捩《ね》じ切ってしまう。ワイン会の客も酔って割る。1回ワイン会を開くと、1個は割れる。高級グラスを揃え

予算と収納場所に合わせてグラスを選ぶ

❶一番の理想は、ワインの種類に応じてグラスを揃えること。ワイングラスの代名詞、リーデルは、ワインの香りや味わいに応じて、数十種類のグラスを出している。例えば、ブルゴーニュやボルドーの銘醸ワインは、ABのような通称、「金魚鉢」と呼ぶ巨大グラスに入れると香りが大きく開く。でも、ワイン別にグラスをゾロッと揃えられるのは、アラブの石油王か香港の銀行オーナーぐらい。収納場所として、ウォークイン・クローゼットが必要。

❷ワインの上級者は、Cのブルゴーニュ赤用（香りが立つよう横に広い）、Dのボルドー赤用（縦に長くて大きい）、Eの白ワイン用（赤より小さい）、Fのシャンパーニュ用の「グラスの四銃士」を揃えていることが多い。この4つがあれば、世界のどんなワインにも対応できる。

❸4種類を6個揃えると、24個。これだけのグラスを買い揃えるには5万円前後はかかるし、広い収納場所も必要になる。次善の策が、Eの白ワイン用グラスとFのシャンパーニュ用グラスの2つを揃えること。

❹2種類も揃える資金と収納場所がない場合、全部のワインに対応できるEの少し小ぶりのグラス（例えば、リーデル社のグラスの場合、キアンティ・モデル）を1種類だけ用意すればいい。この形は万能だ。

❺ワイン評論家がテイスティングで使うGのISO標準のグラスは、それらしく見えるし、安いし（1個500円前後）、ステムが象の足ほど太くてめちゃくちゃ頑丈だけれど（私は1ダース持っているが、10年以上割れたことがない）、小さすぎて香りが開かない。やはり、香りが立つ大ぶりのグラスを用意すべき。

＊協力　リーデル・ジャパン株式会社

てハラハラするより、安いものをたくさん買う方が、精神衛生上もよいのだ。

耐久性と技で選ぶワインオープナー

グラスが揃ったら、今度はワインオープナーだ。失敗せずにコルクを抜くには、どんなワインオープナーがイイだろう？

コルクの抜き方には、いろいろな方法がある。基本の「T字型コルク抜き」（①）から、「圧縮空気を注入して、コルクを飛び出させる」寝技的なもの（③）まであり、ある意味、面白さを競うアイデア大会だ。どれも一長一短だが、一つしか買わないのなら、失敗しない⑤のお手軽コルク抜き、もう一つ揃えるのなら、使うのが難しいけれど超カッコイイ②のソムリエ・ナイフがよい。初心者がソムリエ・ナイフを使いこなすには猛特訓が必要だけれど（ラセンをコルクの真ん中に刺し込むのが難しい）、その価値はある。

ソムリエ・ナイフの女王様が、フランスのラギオール社製（1本2万円前後）。流れるような曲線が官能的な上に、水牛の角で装飾した芸術品だ。目にした瞬

コルク抜きは、見せ所の一つ

❶超古典的で基本のT字型
単純だけれど、力が必要なので、女性にはツラい。新酒の固いコルクを抜くのは超大変。

❷いわゆる、プロ仕様のソムリエ・ナイフ
プロっぽくてカッコイイし、コンパクトでポケットに入るけれど、練習してコツをつかむ必要あり。

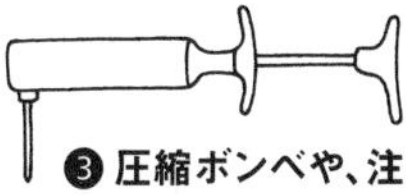

❸圧縮ボンベや、注射器で空気を注入して、コルクを飛び出させる方式
ボトルが破裂しそうで、ドキドキハラハラ、ちょっと怖いかも。

❹2枚の長い舌状の鉄をコルクとボトルの間に差し込み、コルクを挟み込んで抜く方式
古酒のように、コルクがボトルに張り付いている場合は、これでないと抜けない。

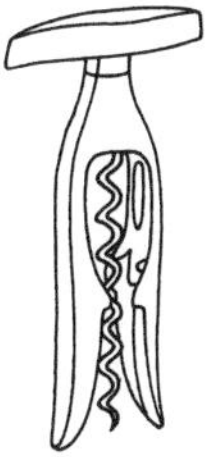

❺ただ回すだけでいい、お手軽コルク抜き
失敗しないので初心者向き。かさ張るし、スタイリッシュじゃないのが玉に瑕《きず》。

❻自動車のジャッキ方式でカクカクとコルクを抜く方式
アクションが面白いのでワイン会でウケるけど、それだけ？

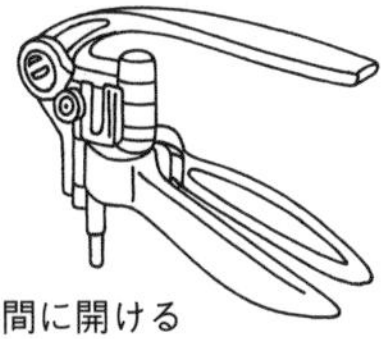

❼ワン・アクションでキャップシールを剝がしてコルクも抜ける超簡単版
怠け者のアメリカ人の発明。
大量のワインのコルクを短時間に開けるのに最適。でも楽をせず、技を駆使してコルクを開けるのも、ワインの楽しみ。

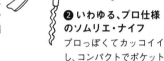

間、何が何でも欲しくなる。手の平に収まるものの中でこれほど美しいのは、あとはマリリン・モンローの絹のストッキングだけ？

問題は耐久性。「美」と「堅牢性」は背反する。ラギオール社のソムリエ・ナイフのラセンは、堅いコルクと格闘するので、折れやすい（ソムリエ並みに毎日使うと5年で折れるそうだ）。堅牢さが売りのドイツのヘンケル社のソムリエ・ナイフは、質実剛健で、「20年使ったけど折れない」と一生愛用しているソムリエがいるらしい。「美」を取るか、「堅牢性」を取るか、悩ましい。

失敗しないホーム・パーティーのコツ

ホーム・パーティーで友人とワインの乱れ飲みをするのは物凄く楽しい。レストランではソムリエが取り仕切ってくれるが、自宅では全て自分でするため苦労もある。

案外難しいのが、家庭でワインを冷やすこと。氷が大量に必要だが、1袋400円のオンザロックス用氷を買ってきて、冷やすのはもったいない。事前に、密閉できる袋に水を入れ、冷凍庫で氷を作っておくとよい。冷凍食品の冷媒を大量に凍らせるのもよいアイデア。冷媒をボトルに着せるジャケット式もある。ワインを冷やすワイン・クーラーも1本しか冷えない「お雛様の調度品」みたいなものでは不十分。例えば、古道具屋に並んでいる火鉢は、4本は余裕で入るし、3000円ぐらいで手に入り、和のテイストがオシャレ。かっこいいワイン・クーラーになる。

シャンパーニュを冷やし忘れるのはよくある話。冷凍庫に放り込み急速冷却する場合（30分でイイ感じに冷える）、絶対に取り出すのを忘れないこと。赤白ワインなら、凍ってもコルクが飛び出すだけだが、シャンパーニュはガラスがコナゴナになる。30分後にアラームを鳴らすなど、対策しておくこと。

いろいろなワインを開けるとき、その順番が結構悩ましい。まずは、シャンパーニュのような泡もので乾杯し、あとは全部のコルクを開けて、好きなものをテキトーに飲むのがよい。一番高価なワインは真打ちなので、最後に飲みたい気持ちは分かるが、最後は酔っぱらって味や香りが分からず、「あれを飲ん

ホーム・パーティーの心得

1 グラスは、1回のパーティーで
1個は割れるものなので、
安いものを大量に揃えること。

2 ワインが変わるとグラスも変えたくなるが、
場所を取るので、グラスは一人に1個、多くても2個にする。

3 座が乱れると、誰のグラスか分からなくなるので、
グラスのステムに目印を付けたり、
名前を書いたシールを貼るとよい。

4 赤ワインは、必ずこぼすし、誰かにかけられる。
だから、純白のタキシードを着ていてもカレーうどんの汁を
飛ばさない自信がないかぎり、白っぽい服装はしないこと。
また、テーブル・クロスも黒っぽいものを使うこと。

5 飲み疲れたタイミングで
カチカチに冷えたシャンパーニュを出すと、物凄く喜ばれる。

6 やたらと楽しいので、どれだけパーティーを早く始めても、
早く終わるとは限らない。
結局、終電の直前まで続くと心得よ。

だぞ」という記憶しか残らない。だから、良いワインほど、早めに飲むべき。

家庭でできるデキャンタージュ

ソムリエの大技ながら、素人にも簡単に真似できるのが「デキャンタージュ」だ。ホーム・パーティーで披露すると、「なんか、プロみたいねぇ」とみんなから尊敬してもらえるので、ぜひ、トライしよう。レストランでも、ソムリエが忙しくない時間帯なら、赤白どんなワインでも、デキャンタージュをお願いするとよい。

澱を分離するのがデキャンタージュの基本だけれど、ホーム・パーティーでは、そんな年代物のワインを飲む機会は少ない。家庭でデキャンタージュする状況で圧倒的に多いのが「若いワインを開かせる」ため。若いワインは、赤白問わず固く閉じていることが多い。一口飲んでみて、「ああ、やっぱり、まだ固いなぁ。デキャンタージュして開かせるか」と全員に聞こえる大きな声で独り言を言いながら、仕度をするとよい。

香りを目覚めさせる、デキャンタージュ

(1) 澱を分離する場合

澱と液体を分離させるのがデキャンタージュの基本。
この場合の手順は以下の通り。

❶ 澱が通過したかどうか見やすくするため、ボトルのネックを覆っているキャップシールを全て剝がす。

❷ コルクを抜く。

❸ ロウソクに火を点けてテーブルにセットする(P.95参照)。ロウソクの代わりに小型懐中電灯でもよいが、スタイリッシュさとハッタリの意味でロウソクがおすすめ。ただし、ロウソクを消すとき、キツい匂いが漂うので、離れた場所で消すこと。

❹ ロウソクの火でボトルのネックを透かし、澱が入らないように注意しながら、少しずつワインをデキャンターに注ぐ。レストランでは、これをやっている間、何が始まるんだろうと周囲が思いっきり注目するので、天使が通り過ぎるように静かになる。

❺ ボトルのネックのところに澱が見え始めたら、澱が流れ落ちる前にデキャンタージュを止める。

(2) 閉じたワインを開かせる場合

若いワインをデキャンタージュして香りや味わいを開かせる場合も、上記と同じ手順で進めるが、澱は出ていないので、ロウソクでネックを透かして見る必要はないし、キャップシールも剝がさなくてよい。ワインが大量の空気と触れるよう、勢いよく注ぎ入れよう。

移し替える容器をデキャンターと呼ぶ。高級品は1万円を軽く超えるが、探せば1000円前後の超廉価版もある。デキャンターが手元にない場合の取っておきの裏技が「ダブル・グラスの術」だ。もう一つ大ぶりのグラスを持ってきて、グラスの間で2、3回ゆっくりワインを移し替えれば、通常のデキャンタージュと同じ効果を上げられる。この「ダブル・グラスによるデキャンタージュの術」は、誰でもできて超簡単な上に、妙にプロっぽいのがエライ。

飲み残しても味を落とさない保存方法

私は、ボトル単位で飲み切ってしまうので、飲み残すことはないが、普通の家庭ではワインが残るので、うまく保存しなければならない。基本は、コルクを打ち直して、冷蔵庫へ入れておくこと。このとき、プロは、ボトルの中の空気をなるべく少なくしようと知恵を絞る。よく使うのが「ヴァキュヴァン」、それに「ワイン・フレッシュ」という便利グッズもある。通称「パコパコ」だ。害虫の毒を吸い出すポンプの応用でできたワイン・グッズで、ゴムのキャップをボトルにセットし、ポンプでパコパコと空気を吸い出す。

香水は酸化するので、瓶の中の空気をなるべく少なくしたい。そこで、ヨーロッパのマダム達は、小さなビーズを瓶に入れて、空気部を少なくしている。ワインでも、ビー玉を入れて空気の体積を少なくする人もいる。ビー玉のない人は、ビニール袋を使えばいい。ビニール袋をボトルの空気部に入れてから、外から膨らまし、コルクを打つ。こうすると空気部はかなり少なくなるはずだ。

面倒なのは、赤白ロゼ泡がちょっとずつ、猫のオヤツぐらい残ったとき。私は、乱暴だけど全部を1本に混ぜることもある。案外美味しい自家製ブレンドができて、ビックリする。

シャンパーニュやスパークリング・ワインの保存は難しい。コルクを打っただけじゃ、夜中に飛び出すし、パコパコを使うとせっかくの泡を吸い出してしまう。そんなときに便利なのが、シャンパン・ストッパー。ボトルの口にセッ

飲み残しを1週間もたせる、保存方法

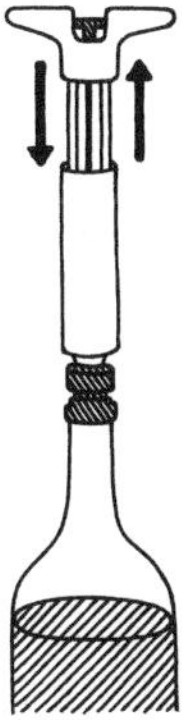

●ヴァキュヴァンの使い方

❶ボトルの口に付属のゴム栓を入れる。
❷ポンプにヴァキュヴァン本体をセットする。
❸5、6回、パコパコする。
❹冷蔵庫へ入れる。
❺飲むときは、ゴム栓の両側を押さえると、
しゅーっと空気が入って開けられる。
「ワインフレッシュ」も同じ原理。ぜひ試して。

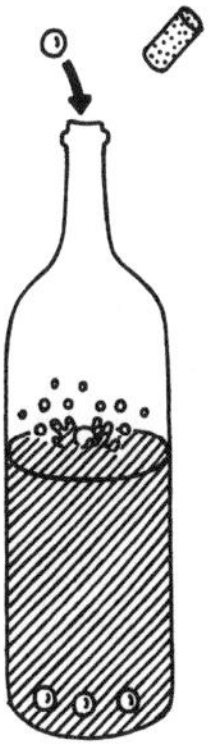

●ビー玉方式

イソップ物語で、意地悪な狐から平らな皿にスープを入れて出された鶴が、小石を皿に入れて体積を増やして飲んだ話に似ている。

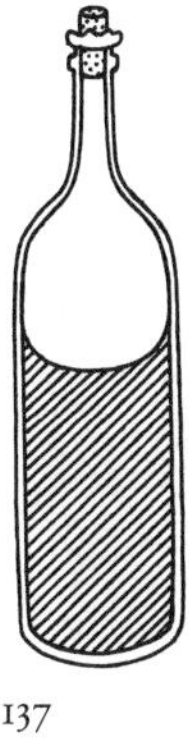

●ビニール袋方式

❶ボトルにビニール袋を挿入する。
❷ビニール袋を膨らます。
❸コルクを打つ。

トすると、1週間は泡が抜けない優れモノだ。

セラーなしでワインを20年保存するには？

子供の誕生年のワインを買って20年ほど保存し、成人式や結婚式で飲みたいと考える親は多い。書画骨董、美術品など何十年も長期保存するものの中で、保存条件が一番厳しくて金がかかるのがワインだ。どうすれば、家庭でワインを長期保存できるだろう？

ワインの保存条件の基本は、まず、温度が13度から17度であること。暑すぎると、ワインが劣化してシェリーのような匂い（専門用語で「オダブツ香」）が出て、あっという間にオバアサンになる。寒すぎると、いつまで経っても子供のままで、熟成しない。高温にさらされると、ワインが膨張してコルクの間から噴き出し、ラベルが赤く染まったりするので分かる。温度は激しく変化しないことも重要。温度が目まぐるしく変わると、空気部分が膨張・縮小してコルクが出たり入ったりするらしい。

案外重要なのが湿気。湿度が50％以下の乾燥した環境では、ワインが平均以上（1年に1㎜）目減りするし、コルクが乾燥して縮み、空気が入ったりするので注意。逆に、湿気が多すぎると、ワインには悪影響はないが、ラベルがカビで真っ黒になったりする。70％前後がよい。

この他、光が当たらないこと、震動がないこと、匂いがないことも重要だ。ワインを保存するときは、コルクが乾かないように寝かせるか、逆さまにして保存する。ただし、シャンパンは、強い酸味でコルクが乾燥しないよう、立てて保存すべしとの研究結果もある。

デリケートなワインの長期保存のコツ

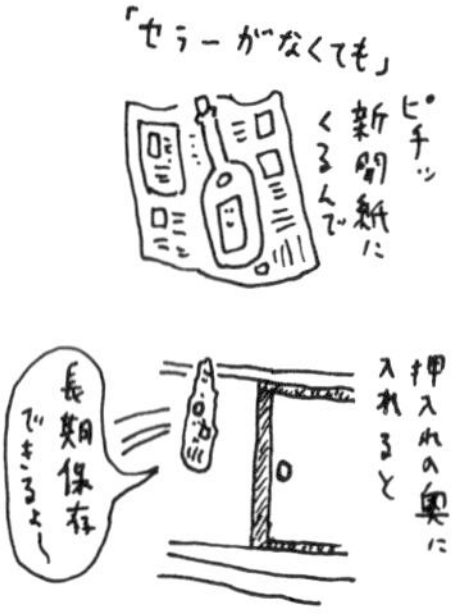

❶ 一般の家庭には、ワインの理想の保存条件が揃った場所はない。でも、ボルドー系の渋い赤ワイン、極甘口のデザート・ワイン、ポート・ワインは物凄く頑丈なので、少々いい加減な保存条件にも耐える。新聞紙でボトルをピチッと巻き（新聞紙は抜群の断熱材なのだ）、ナフタリンのない押し入れの奥に放り込んでおけば、10年や20年はもつ可能性がある。

❷ 辛口白ワインや、ブルゴーニュ系の赤ワインは熱に弱い。そんなワインを、何十年も長期熟成させる場合は、投資と割り切って家庭用セラーを買おう。1本当たりの単価は5千円前後なので、6本収納の超小型なら、3万円程度で買える（でも、すぐにパンクして36本収納のセラーが欲しくなる）。ガラス扉とソリッドな扉の2種類あるが、ガラス扉がおすすめ。部屋に圧迫感を与えず、ガラス越しのワインが物凄くキレイに見える。

❸ 一番熱に弱いのがシャンパーニュ。少しツラい目に遭うと寝込んでしまう「箱入り娘」だ。普通のワインより、2、3度低い温度で保存するのが一般的。誕生年ワインは飲めるが、誕生年シャンパーニュは、保存が難しいのでまず飲めない。子供の成人式用に熟成させると、威張れる。

❹ 普通の冷蔵庫は、乾燥しているし、モーターの振動があるし、食べ物の匂いがうつるので、ワインの保存に向かないといわれている。でも、20年間冷蔵庫に入れっぱなしだったテタンジェのノンヴィンを飲ませてもらったことがあるが、完璧な状態だった。案外、家庭用冷蔵庫もイイかも。

❺ 大量のワイン（100本超）を保存する場合、ワイン用のトランク・ルームに預ける手もある。

❻ 部屋のエアコンを24時間、365日稼働させて、部屋全体をワイン・セラーにしている愛好家もいる。真夏は、戸外が30度、室内が20度なので、壁に結露し、壁紙が水で浮くし、カビだらけになる。寝るときは、セーターを着込むなど、苦労が多い。それに耐えてこそ愛好家？

自然派からローカル・ワインまで、これからの注目は？

ワインが、熱烈な愛好家の趣味や、スタイリッシュなハレの日の飲み物から、一般の人が気軽に楽しむお酒に変わろうとしている。今までは、ボルドーやブルゴーニュの高級ワインに光が当たっていたけれど、これからは、①自然派ワイン、②地元ワイン、③スパークリング・ワイン、④南半球のワインが注目を集めそうだ。

自然派ワインとは、環境に配慮した「地球に優しい造り方」をしたワイン。日本で物凄く注目されている。自然派ワインには、制限のユルい順に、①減農薬、②有機農法、③ビオデナミの３つがある。「減農薬（プロは気取ってフランス語の「リュット・レゾネ」を使う）」は、除草剤、殺虫剤、化学肥料等の化学モノの使用を抑えたもの。もともと、化学モノは高価なので少なめに使い、大抵の生産者は「減農薬ですよ」と言える。減農薬の範囲はとても広い。「有機農法」は、化学モノを一切使わない農法。「ビオデナミ」は、有機農法に占星術を合体させた哲学的、宗教的な栽培法だ。

注目ワインを先どりしよう

❶ 自然派ワイン

一番キツい「ビオデナミ」は占星術と合体し、広い畑に耳掻き１杯の水晶の粉を撒いたり、星座の位置に従って施肥や収穫日を決めるなど、謎の「儀式」が多い。ワインが不味ければ、非科学的と斬って捨てられるが、美味しいワインが多いので話は複雑。ワインのプロが、「不味いけど、身体にイイから飲む」ことはない。もともとアルコールは身体に最大の毒。私は、自然派ワインかどうかは全く気にしないが、「有機栽培」や「ビオデナミ」のワインは、飲みすぎても頭が痛くならないみたい（でも、不味いと飲まないよ）。

❷ ローカル・ワイン

カベルネやシャルドネは、世界中で栽培していて、同じ味。そんな「金太郎飴」状態に飽き飽きした人達が、その土地で育つ土着ブドウのワインに注目。日本でも、世界の誰もが穿いているジーンズじゃなく、「浴衣美人」的なワインとして、日本固有の甲州が注目の的。繊細さが特徴の和食には、筋肉少女のシャルドネではなく、エレガントな甲州がピッタリ。

❸ スパークリング・ワイン

スタイリッシュだし、どんな食事にも合う辛口の泡ものは、女性を中心に急激に広まりそう。

❹ 南半球のワイン

フランス、イタリア、カリフォルニアみたいに、「ブランドを確立した国」のワインは高値。安くて美味しいワインを飲みたい愛好家が注目するのは、南半球のワインだ。オーストラリアとニュージーランドのワインは、品質に価格と名声が追いついていない。特に、ボーナスをはたかないと買えない高級ブルゴーニュの代用品として、ニュージーランドのピノ・ノワールはおすすめだ。チリは、「安くて美味い」イメージが定着し、高級品はないが、コスト・パフォーマンスは最高。

ローカル・ワインは、カベルネ、ピノ・ノワール、シャルドネみたいな「どこにもある国際品種」ではなく、その土地固有のブドウ品種で造った個性タップリのワイン。

スパークリング・ワインは、シャンパーニュみたいに泡の出るワイン。飲みやすくスタイリッシュ。

南半球のワインは、オーストラリア、ニュージーランド、チリで造る高品質で廉価なワインだ。

第5章 愛好家のための心得

ワイン会で失敗しない4つの法則

ワイン好きが洒落たフレンチに集合してワインを飲む。こんなワイン会は物凄く楽しいが、楽しすぎて大失敗することが多い。以下、「ワイン会で失敗しない４つの法則」を解説する。

〈法則１　騒がない〉

ワイン会は、最初は貴族のお茶会みたいに上品だが、美酒を重ねるにつれ騒がしくなる。オシャレな店は、カップルがロマンチックな食事を期待して来店する。その中で、「この白、樽香キツいね。木工所で割り箸を齧《かじ》ってるみたい」と大声のコメントをして相手が爆笑し、隣では、「知ってる？　ヨーコちゃんと昭クン、ブルゴーニュへ旅行したんだって」「ウソー」とゴシップで盛り上がる。これは山賊の酒盛りだ。私にも経験があるが、この状態になると制御不能。店にも他の客にも大迷惑。出入り禁止になる可能性大。

〈法則２　泥酔しない〉

初心者相手だと嫌われるワインの蘊蓄も、ワイン会では言い放題。初めて会う美女がいて、下心も湧く。高揚感に押され、正しく飲みすぎる。水を飲んで様子を見てタクシーで帰宅すればいいのだが、大抵、グラスを重ねてトイレで沈没する。胃の内容物を吐き出して、必ずトイレを詰まらせる。他の客は、駅や百貨店のトイレへ行かねばならず、これ以上の迷惑はない。店から損害賠償を請求され、出入り厳禁になる。飲みすぎにはくれぐれも注意。

〈法則３　ワインの悪口を言わない〉

ワイン好きは、何冊も本を読みセミナーに通い、周囲から「プロ認定」を受けているはず。発言の影響力は非常に大きい。そんな人が持ち寄りワイン会で「この赤、平板でふくらみがないし、腐敗臭があるね」と他人のワインを馬鹿正直にけなすと、それを飲んだ初心者は、「私には美味しいけど、これを不味いと思わないと恥ずかしいんだ……」と暗くなる。さらに、持ち込んだ人との関係が悪化し、ワイン会の分裂騒ぎに発展する。どんなにダメなワインでも、良いところを見つけるのがプロ。

〈法則4　美味いもの自慢をしない〉

みんなが、「この赤、美味いね。紅茶の香りやチョコレートの甘みがあって、最高だね」と感動している中、「オレが3年前に飲んだロマネ・コンティ1988はもっと美味かったな」と、美味いもの自慢をするオジサンがいる。こんな人は全員から嫌われるけど、ときどき、極上ワインを持ってきて飲ませてくれるので、無条件に絶縁できないのが複雑で辛いところ。

以上の4つの基本規則を守って、楽しく盛り上がってほしい。

ワインを持ち込む場合の5つの法則

子供の二十歳の誕生日にフレンチへ行き、これまでセラーで保存していた誕生年のヴィンテージの上物ワインを開けたい。あるいは、ボーナスをはたいて、彼女の誕生年ワインを取り寄せ、高級フレンチでのデートで飲み、勢いでプロポーズしたい……。そんなワインは非常にレアで、レストランにないことが多く、持ち込みさせてもらうことになる。持ち込みをめぐるトラブルは多い。「持ち込みワインの基本規則」を解説する。

〈法則1　持ち込みは歓迎されない〉

ワインの持ち込みを歓迎する店は、世界中に1軒もないことを認識すること。レストランの値付けは、「仕入れ値の3倍」が基本。仕入れ値が2000円のワイン（仕入れ価格は小売価格の約70％）は6000円でリストに載るので、小売値の2倍強の価格になる。この差額で、レストラン側は、家賃、光熱水道費、従業員の人件費を払う。ワインを持ち込まれると、ワインの利益が見込めない。でも、「ウチのリピーターになってくれるかも」と期待して、持ち込みを認めているのだ。中には、「持ち込みは絶対にダメ」という店もあるので、事前確認が必要。

〈法則2　持ち込み料をきちんと支払う〉

持ち込みワインなのに、店のグラスを使い、コルクを抜いてもらい、サービスを受ける。このための料金が「持ち込み料」だ。通常、1000円から3000円。これを値切ってはならない。中には、1万円という異常に高価な持ち込み料の店もあり、要は、「持ち込みお断り」なのだ。

〈法則3　店のリストに載っているワインを持ち込まない〉

外でワインを買えば、持ち込み料を払っても安くつくが、だからといってリストと同じワインを持ち込むのは、人間性を疑われる。

〈法則４　試飲で心遣いを見せる〉

高価なワインやレア物を持ち込んだ場合、底の２㎝ほど残し、お店の人にも試飲してもらう。ソムリエとはいえ、高級高価なワインはなかなか飲めないので、少し残して試飲してもらう心遣いを見せよう。

〈法則５　セルフサービスで飲む〉

持ち込んだワインの抜栓と注ぎ分けは自分たちでやり、なるべく店側に負担をかけないようにする。ただし、高等技術を要する古酒（目安として30歳以上）の抜栓はソムリエにお願いしよう。「私たちがコルクを抜くと、途中でコルクが折れてしまうので、ぜひ、プロにお願いします」と相手のプライドをうまくくすぐると、嫌な顔をせずにやってくれる。

以上、５つの法則を認識して、レストランで貴重なワインを楽しんでほしい。

通はシャンパーニュ用グラスをこう選ぶ

色恋に欠かせないのが、泡の出るシャンパーニュ。シャンパーニュを飲む場合、意外に難しいのが、グラスの選択だ。第4章で書いたグラス選びを、ちょっと詳しく解説する。

シャンパーニュ用には、「クープ型」、「フルート型」、「白ワイン用グラス」の3通りがある。

まずは、クープ型。これは、宮中晩餐会や、ジェームズ・ボンドが使う平らなグラスだ。重心が低くて安定しているので、着物で正装したパーティーでは、袖が絡まっても倒れにくいし、口が広くて浅くて泡がすぐに消えるので、短時間で大勢の客に注ぐときにとても便利。結婚式の乾杯では定番的なグラスだ。でも、「シャンパーニュの命」である泡がすぐに消えるので、まともなレストランでは使わない。

このクープ型グラスには、シャンパーニュ特有の色っぽい由来話がある。こ

シャンパーニュキャップの活用法

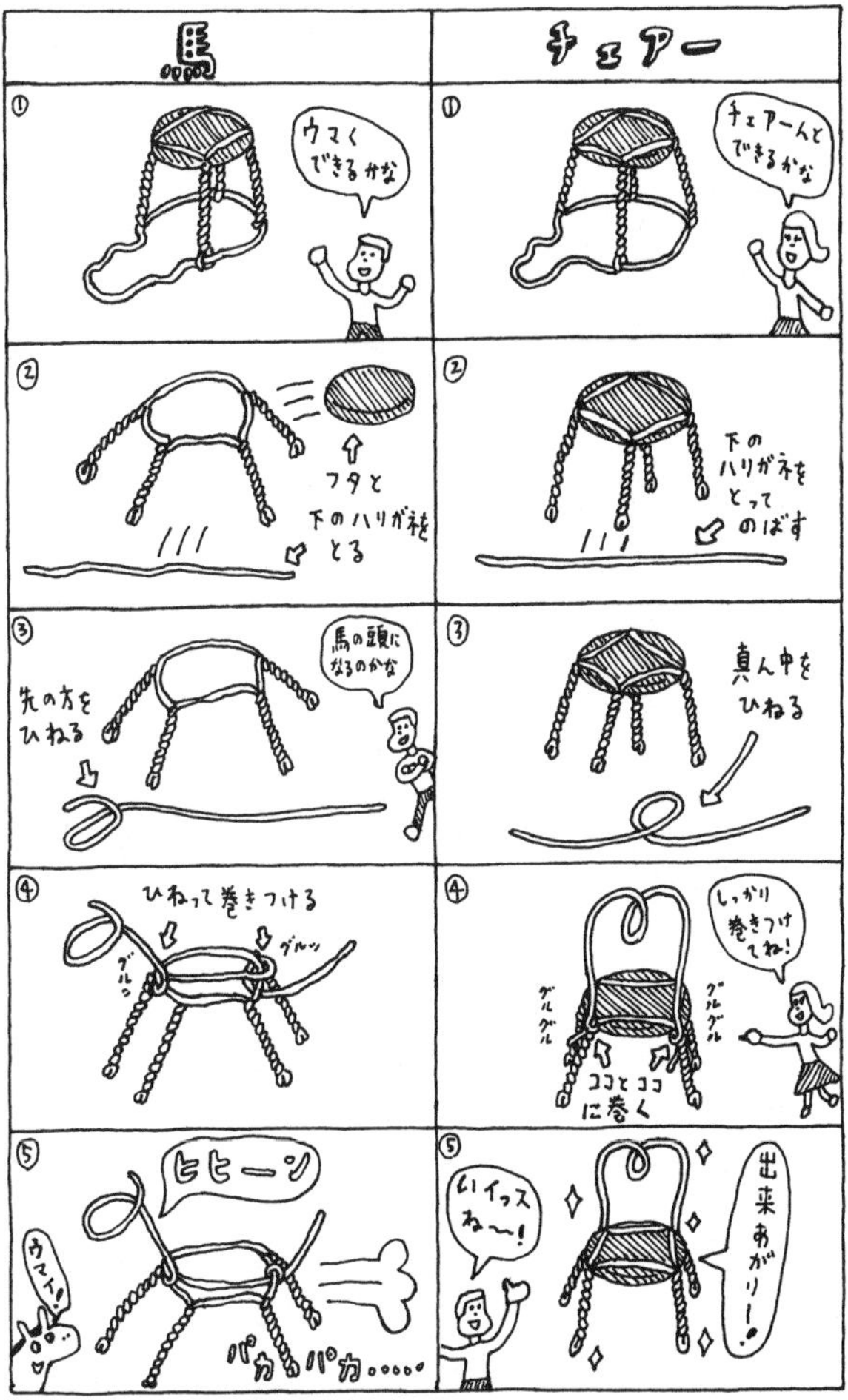

のグラスの第1バージョンは、ギリシャ神話のトロイア戦争の原因となった絶世の美女、ヘレネの乳房をかたどったらしい。その後、フランス革命の悲劇の王女、マリー・アントワネットがヘレネの由来話に嫉妬し、自分の乳房をなぞらえたという。

2番目の「フルート型」は、縦長のグラスだ。泡がキレイに見えるため、クープ型に比べ圧倒的にプロ度が高い。一流レストランでは、必ずこれを使う。ただし欠点が2つ。背が高いので、格納に苦労することと、飲み干すためにグラスを傾けると顔も天井を向くので、鼻の穴が相手にバッチリ見えてしまうこと。『天才バカボン』のパパみたいに、立派な鼻毛をたくわえていると、一発でお相手に嫌われるので注意しよう。

3番目の選択は、「通常の白ワイン用グラス」。白ワイン用グラスにシャンパーニュを入れると、グラスの胴体が太いので香りが溜まり、複雑な匂いを楽しめる。なので、レストランで高級シャンパーニュをオーダーすると、白ワイン用グラスを持ってくることがある。家庭でシャンパーニュを飲むとき、白ワイン用グラスで代用できるのだ。

たかがグラス、されどグラス。グラスの蘊蓄を悪用し、恋愛での「シャンパーニュの魔力」をパワーアップさせてほしい。

シャンパーニュを正しく飲みすぎると……

シャンパーニュを正しく飲みすぎると、どんなことが起きるか？　私自身の出来事を例に検証したい。

2005年6月9日、目白のフォーシーズンズ・ホテルで、シャンパーニュ騎士団の叙勲式があった。この叙勲は、シャンパーニュの普及に功績のあった人を対象に、フランスの半官半民組織であるシャンパーニュ委員会が授けるもの。要は、シャンパーニュをたくさん売ったり、買ったり、宣伝した人に対するご褒美だ。

私の場合、毎年シャンパーニュをバスタブ1杯分飲んだことが高く評価されたらしい。酒をたくさん飲んで褒めてもらえるなんて、一生に一度のことに違いない。

日本での授与式は今回が初めてで、ベルナール・ド・モンフェラン駐日フランス大使、女優の川島なお美さん（２０１５年9月24日没）、芥川賞作家の荻野アンナさん、テレビフランス語講座講師のドラ・トーザンさん、俳優の辰巳琢郎氏、放送作家の小山薫堂氏、ソムリエの石田博氏、渋谷康弘氏、阿部誠氏ら全部で66人が受章した。

自慢じゃないが、私は、小学校6年生のときに皆勤賞をもらって以来、賞には、全く縁がない。くれるものは、風邪のウィルスでももらう主義の私は、叙勲の打診を受け、「謹んでお受けいたします」と品よく即答した。問題は服装だ。ドレスコードがブラック・タイとのことで、男性はタキシード、女性はイブニング・ドレスか着物でなければいけないらしい。

「タキシードなんて持ってませんよ。結婚式用の礼服に蝶タイじゃダメですか？」とシャンパーニュ委員会に問い合わせたところ、「当日は、祝賀会をサービングする人も、カメラマンも、猫もタキシードで『完全武装』します。なので、何が何でも、絶対に、必ず、死んだ気になって、タキシードを着用して下さい」と言い切られた。

タキシードを着るのは今回が最初で最後なので、ウェブで検索して、広尾のタキシード・レンタル店へ行った。その店は、靴とソックス以外、シャツからカフス・ボタンから何から何まで貸してくれて、しかも、ズボンの裾と上着の袖の長さまで調整してくれて、4泊5日で17000円。海外での結婚式用に長い期間を設定しているんだろう。レンタル料はクリュグ1本程度だから、考えようによっては安い。

当日の受章者の中には、予想通り、タキシードじゃなくて上下が黒の礼装用スーツの人も数人いたが、白鶴の群れに迷い込んだフラミンゴのように、微妙だけれどはっきりと目立ち、お気の毒というより、タキシードをレンタルして本当によかったと思った。逆にカッコよく目立ったのが和服姿の女性で、10人の黒いタキシードの男性の前に、鮮やかな黄緑色の和服女性が立つと、打ち上げ花火みたいに華やかで、「大花火隅田の空を使ひ切る」という俳句を思い出した。

叙勲式では、何人かがまとめて前に呼ばれて、誓いの言葉を述べる。競馬のGIレースのファンファーレみたいなトランペットが鳴る中、メダルと認定証をいただき、正装したシャンパーニュ委員会の委員に握手をしてもらった。認定証はでかくて、色刷りなので、ボクシングの世界チャンピオン認定証くらいの風格があり、なかなか立派だけど、緑色のリボンを付けたメダルが少しチープで、小学校の運動会の1等賞メダルに見えた。

叙勲式が8時に終わり、その後、何十種類ものシャンパーニュが並ぶ試飲会に突入した。私は「タダ酒だぁ」と舞い上がり、叙勲式で緊張して汗をかき、喉が渇いていたこともあって「全種目制覇」し、全部でボトル1本程度は飲んだ。

続く祝賀ディナーは、9時開始と、やたらに遅いフランス式。出てきたシャンパーニュは、ローラン・ペリエのグラン・シエクル、テタンジェのコント・ド・シャンパーニュ1995年、ルイ・ロデレールのブリュット1997年、ドン・

ペリニヨン1995年、ランソンのノーブル・キュヴェ1996年と、きれいどころがゾロッと勢ぞろいした。これが全てマグナム・ボトルで提供されたのだ。しかも、グラスが空になると、すかさず注いでもらえるわんこそば状態。こんな豪華なディナーは一生に一度だと、命を賭けて飲んだ。結局、ディナーでは、ボトル2本分は飲んだろう。1日で計3本。真夜中の1時前に晩餐が終了したときは、びしょ濡れのスポーツ新聞紙みたいにベロベロに酔っ払い、汗までシャンパーニュの香りがした。このあたりから、シャンパーニュの飲みすぎによる悪影響が出始める。

ブラック・タイ着用の超フォーマルなディナーなんて、人生、最初で最後との思いが列席者にもあったようで、祝賀ディナーがお開きになると、あちこちで、受章者と参加者がテキトーにくっついたり離れたりして記念撮影が始まった。

フラッシュが光る中、私の隣でポーズを取っていたイブニング・ドレスの美女とお話が弾み、私が、首からぶら下げたメダルを男らしくブラブラさせて、「メダルじゃなくて、シャンパーニュを1本もらう方が圧倒的に嬉しいんですけどねぇ」と言ったところ、その美女に、「キレイなメダルじゃないですか。じゃあ、私にいただけません？」とお願いされ、「ああ、イイですよ、こんなんでよければ」と飴玉をあげるように、軽い気持ちでプレゼントしてしまった。

翌日、シャンパーニュを飲みすぎた祟りによる強烈な頭痛で目が覚めた。誰にメダルをあげたのか思い出そうとしたが、記憶とお金がごっそりとなくなっている。思い出したのは、美女の顔ではなく、俳優、近藤正臣が出演したテレビのインタビュー番組だった。

熱烈なボクシング・ファンである近藤が、輪島功一と柳済斗《ユ・ジェドゥ》のジュニア・ミドル級世界タイトルマッチを両国日大講堂で観戦したときのこと。世界王者だった輪島功一が前年の防衛戦で柳にKO負けし、今回は立場を入れ替えての「因縁試合」となった。数年前、輪島は、タイトルを失いながら再戦で同じ相手を倒し復活して以来、「中高年の希望の星」となった。日本中のオジサン（私も）、オバサンがテレビの前に正座して輪島の勝利を願った。が、ボコボコに打たれ、もはやこれまでと思った最終ラウンド、右ストレートからの大逆転KOでタイトルを奪取した。リングに300人以上のファンがなだれ込む。騒然としたリング上で認定状授与式の最中、なんと、輪島がグローブを歓喜する観客席に投げ入れたのだ。絶食状態にある1000匹のオオカミの群れに極上の霜降り肉をひとかけら放り込んだような大騒ぎになった。近藤は、「どけぇー、それはワシのグローブじゃぁー」と絶叫し、人ごみをかき分け泳ぎ渡り、何百人もなぎ倒して、グローブを手に入れたらしい。その話を聞いたインタビュアーが質問した。「そのグローブは家宝というか、スポーツの歴史そのものですよね。で、グローブは今、どこにあるんですか?」。近藤がムスッとした表情で答えた。「誰かにやってもうた」。当時の私はそれを聞いて、「何であげちゃうの?　もったいないなぁ」と思ったが、今は、近藤の気持ちが完全に理解できる。

昔から、「ボルドーを飲むと愚かなことを考えさせ、ブルゴーニュは愚かなことを言わせ、シャンパーニュは愚かなことをさせる」と言われているが、私の場合、ホントにその通りだった。

一生に一度のブラック・タイのディナーに出席し、一生に一度の豪華なシャンパーニュを飲みすぎて、一生に一度のお馬鹿なことをしてしまった。全ては、シャンパーニュの魔法のせい。近藤正臣もシャンパーニュを飲みすぎていたに違いない。

この話はまだ続く。謎の美女にシャンパーニュ騎士団のメダルをプレゼントした直後は、「まぁ、いっかぁ……」と何も気にならなかったが、2007年の第2回目の叙勲式に出席することになり、物凄く困った。歴代受章者はメダルを着用しなきゃならない。既受章者から借用しようにも、全員、レセプションに出席するので、借りられない。

そこで、受章者の一人、マガジンハウスの小松勇二さんにメダルのカラー・コピーをA3用紙で取ってもらった。それをハサミで切り抜いて、首に掛けることにした。ペラペラの紙ながら、鮮やかなメダルの緑色が実物そっくりだし、メダルの幅広いリボンの質感もリアルだ。日本の工業技術の高さを痛感した。遠目には見分けがつかないが、少し風が吹くと、ヒラヒラ揺れる。なので、そーっと歩かねばと思った。

時は流れ、２０１２年５月24日、帝国ホテルで第４回のシャンパーニュ騎士団叙勲式があり、その折、老舗シャンパーニュ・メゾン、ボワゼル社の後援により、シュヴァリエのワンランク上位のオフィシエ（下位から、シュヴァリエ、オフィシエ、コマンドゥール、グラントフィシエ、グランクロワ）を受章した。シュヴァリエのメダルは、カワセミの羽の色のような鮮やかな緑色で、オフィシエは山吹色。我らが阪神タイガースのチーム・カラーでもある。このメダルをもらった瞬間、「これで、恥ずかしい緑色の紙メダルをぶら下げなくてすむ……」を物凄くホッとした。

で、トドメは同年９月20日だった。その日、神楽坂のアグネスホテル東京で、東日本大震災のチャリティー、「ワイン・エイド！・フォー・イースト・ジャパン２０１２」が開かれた。主要な輸入代理店が50社も協賛し、１００種類を超える各国のワインと、ビュッフェ形式の食事を楽しむイベントだ。サロンやベル・エポックみたいに高級高価なレア物シャンパーニュも有料でグラス試飲できる。私は、ゲスト・スピーカーとして、ご招待を受け、シャンパーニュの話をしてくれと言われた。

２００人近い参加者が、ビュッフェの食事を満載にした皿を左手に持ち、グラスを右手に、いろんな輸入代理店のテーブルを渡り歩いてワインを豪飲している状況で、スピーチするのはめちゃくちゃ難しい。大きな声を張り上げても、話を聞いているのは私の半径５ｍ以内の10名ほど。渋谷駅ハチ公の銅像前で、ごった返す人ごみに向かって「あなたは神を信じますか?」と語りかけるようなもの。で、無理やり参加者の注意を引くため、シャンパーニュ騎士団の叙勲式でもらった本物のオフィシエのメダルと、ペラペラの紙製シュヴァリエのメダルを見せ、「メダルあげちゃった事件」のお馬鹿話を披露した。この涙ぐましい努力のおかげで、倍の20人が話を聞いてくれた。

30分のスピーチが終わり、気合を入れてシャンパーニュを飲んでいると、「あ、葉山さん、抽選をお願いします」と言われ、センター・ステージに連れて行かれた。参加者にプレゼントが当たる抽選会のクジ引き係をやるのだ。３等賞、

２等賞、１等賞と進み、いよいよ、高級マグナム・ボトルのワインが当たる特別賞を引く順になった。

箱に手を入れ、番号札をがさごそかき混ぜて、１枚引く。「では、発表します。当選番号は、ドロドロドロドロ（ドラムのロールの音マネ）、１０３番でーす」と言いながら会場を見回す。誰も出てこない。参加者も周囲を見回すばかり。主催者が、「30秒経過しても名乗り出ないと、次の方を選びます」と言いながらカウントダウンしたが１０３番は現れず、無効となった。結局、次の番号を引き、番号を読み上げると、歓喜の表情で男性がステージまで飛んできた。オジサンじゃなくて、オネエサンならよかったのになぁと思いながら、顔には出さず、「おめでとうございます」と笑顔で賞品を渡した。

ステージを降りると、一人の美女が、「あの、お願いがあるんですが」と話しかけてきた。何だろう？「一度、デートしてもらえませんか？」だったら、「今からシャンパーニュを飲みすぎに行きませんか？」とか「船乗りシンドバッドみたいにひざまずき、「アラーの御名にかけまして」と言いながら、空飛ぶ絨毯に乗って六本木でも西麻布でも飛ぶところ。下心満載で「お願い」を待っていると、「先ほどの紙メダルをいただけませんか？」と言われた。「はぁ？」と混乱している私に、美女は「実は……」と切り出した。

特別賞が当たりながらも現れなかったのは、この美女のお友達で、仕事があるので先に帰ってしまったという。友人は、後でこの話を聞くと物凄く悔しがるだろう。なので、代わりに何かを記念にあげたい。そこで、「因縁の紙メダル」を所望したという訳だ。

「そんな事情なら、ぜひ、もらって下さい」と日付、相手の名前、サインを入れて差し上げた。8年を経て、シュヴァリエのメダルが定位置に収まった気がして、妙に嬉しくなった。

シャンパーニュを正しく飲みすぎると、こんな楽しい波乱万丈が待っているのだ。

憧れのロマネ・コンティの畑へ

　世界で最も高価なワイン、ロマネ・コンティに対する愛好家の思いは熱い。「死ぬまでに、何が何でも、飲みたい」との執念を持っている。また、ロマネ・コンティのブドウ畑に行きたいとの強烈な願望があり、畑のシンボルである白い十字架の前で記念撮影をして年賀状に印刷し、「あけましておめでとうございます。念願のロマネ・コンティへ行ってきました」とワイン好きの友人に宛てて、自慢気に書くのがお約束だ。

　実際に現地を訪れるのは大変だけど、仮想空間なら、3分＋0円でベッドの中から訪問できる。まず、パソコンを立ち上げ、google map を表示。左上に住所入力欄が出るので、「3 Rue du Temps Perdu, 21700 Vosne-Romanee FRANCE」と畑の住所を打ち込む。地図モードにすると、赤いピン形の現在位置マークがタン・ペルデュ通りの上に表示される（ちなみに、マルセル・プルーストの長編小説、『失われた時間を求めて』の原題が『À la recherche du temps perdu』。なので、日本語だと道の名前は、「消失時間通り」か?）。タン・ペルデュ通りは、左右（東西）にのびる田舎道で、左（西）に進むと、T字形に別の道とぶつかる。このT字の地点に、google map の「ペグマン（画面右下の人形）」を移動させる。すると、ペグマンの位置のストリート・ビューが表示され、ドカンと真ん中にロマネ・コンティの有名な十字架が現れる。その奥に広がる1・8haの畑が、世界最高価格のワインを作る畑だ。

写真で見ると、何の変哲もない畑だし、誰も農作業をしていない。世界最高価格の威厳もない。初夏はブドウに葉があって賑やかだけど、1月、2月の厳寒シーズンに行くと、憂鬱な灰色の空に黒い木だけが寂しく並んでいて、田舎のゴボウ畑かと思うはず。

このストリート・ビューをよく見ると、観光客も数人写り込んでいるのが分かる。ロマネ・コンティの畑はワイン愛好家には、高校球児が目指す甲子園球

ワインの世界地図

ヨーロッパ
ワインの老舗的生産地域。二大高級赤ワインであるボルドーとブルゴーニュ、辛口・超甘口の白、スパークリング・ワインの王様であるシャンパーニュなど、新興ワイン生産者のお手本になっている。もちろん、高価。

日本
ワインの生産量は世界第28位。ワイン用にブドウを作るのが世界の主流なのに、生食が圧倒的に多い特殊な国。労働コストと地代が高いが、頑張っている。甲州のような、繊細な和食に合う繊細な白ワインが得意。

アメリカ
ヨーロッパを僅差で追う新興ワイン国。アメリカでは、カリフォルニア州が圧倒的に幅を利かせる。続いて、オレゴン州、ワシントン州の順番。カリフォルニアの赤白ワインは、ヨーロッパ物に比べると、濃厚で骨太、ずっしり重い。

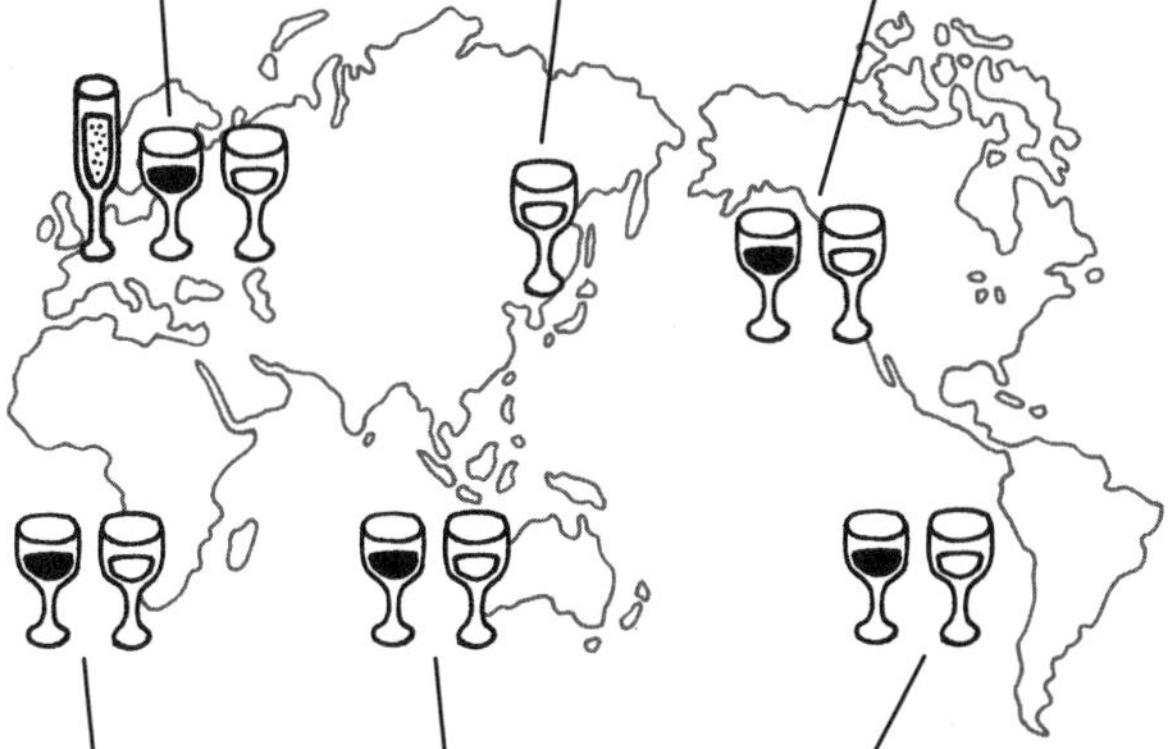

南アフリカ
一般の人にとって意外なワイン生産国がここ。ワイン造りの長い歴史があるが、日常消費用を主に造ってきたため、世界的な評価が低い。ピノ・タージュは、南アフリカ限定のブドウ品種だが、一般の認知度は、ゼロに等しい。

オーストラリアとニュージーランド
目立たない南半球で頑張っているのがこの2国。ヨーロッパと対決するアメリカと違い、この2国はフランスに「謙虚な敬意」を抱き、同じようなワイン造りを目指している。だから、かなりお買い得。

チリ
1994年からの日本の第5次ワイン・ブームのキーワードが「チリ・カベ」(チリ産のカベルネ・ソーヴィニヨン)。安くて美味しい「正義の味方」と話題になり、一般に浸透。今でも、「安い割には」の枕詞が付きまとう。

場以上に、崇高で聖なる土地。もちろん、記念撮影だけじゃなく土や小石もビニール袋に入れ、税関の手荷物検査で見つからないかドキドキしながら持ち帰るのだ。

ワイン愛好家には、この畑ほど、心をかき乱す「美女」はいない。

ボルドーの赤が威張っている理由

世界のワインで、一番威張っているのがボルドーの赤。なぜ、こんなにボルドーの赤が威張っているのだろうか？

最大の理由は、銀河系の最高レベルの赤ワインを大量に造れること。愛好家が、高級ワインを買う決め手として重要視するのが、ワイン界の帝王、ロバート・パーカーの評価点だ（70〜71ページ参照）。

愛好家には、「パーカー・ポイントが90点以上でないと買ってはならない」との不文律がある。パーカー・

ポイントが95点を超えるワインは、箱庭ぐらい狭い畑で名人が造るため微量生産（３００ケース以下が微量の目安。１ケース12本なので３６００本以下）だけど、唯一、ボルドーでは、トップのシャトーが数万ケース（数十万本）を生産できる。これが誰にも真似のできないボルドーの実力だ。

流通量が２桁大きいと、ボルドーだけのマーケットができる。金さえ出せば誰でも買えるので、投資対象になるのだ。いかに高級高価なワインでも、世界最高価格の赤、ロマネ・コンティみたいに「タマ」が少ないと（年産６０００本以下）、市場が成り立たない。絵画の世界でも同様で、10万点以上の絵や彫刻を残したピカソは、ピカソだけでビジネスが成立するが、フェルメールみたいに作品が２ダース強しかないとビジネスにならない。

格付けがはっきりしているのも、初心者の愛好家には分かりやすい。ボルドーのメドック地方（日本でたとえると東京の23区）には、１８５５年に61のシャトーを１級から５級に分類した格付けがある（ワイン関係の認定資格を受験する場合、最初に覚えるのがこの61シャトー）。シャトーの実力が大きく変わった今でも格付けは歴然と残っていて、特別扱い。ワイン版、「腐っても鯛」だ。最高位の1級格付けの5シャトーは、神様扱い。富豪層の間でワインが大流行中の中国では、ワインで接待する場合、味よりも格付けが重要で、ボルドーは分かりやすい。ライバルのブルゴーニュにも格付けはあるが、最高位の「特級」は40以上もあり、覚えきれないし、ありがたみも少ない。

ボルドーの赤は、長期熟成に耐えることも人気の理由。30年、40年経つと、熟成して美味くなり、価格も上がる。

ボルドーがエラい真の理由は、「ボルドーの生産者はビジネス上手」だからかも。

愛好家のゴールは「自分でワインを造る」

ワインにハマると、まず、本屋に走って入門書を買い込み、ウェブ・ページに片っ端からアクセスする。ワイン・スクールに通い始め、日本ソムリエ協会が実施する「ワイン・エキスパート（一般愛好家）」の認定資格を取ろうとする（中には、業務経験が必要な「ソムリエ」と「ワイン・アドバイザー」の資格も経歴詐称して受験する人もいる）。Facebookには、自分が飲んだワインを写真入りで紹介し、友達はワイン関係ばかり。高級ワインのコレクションに走る。さらに症状が重くなると、ワイン・バーを出店したりするが、利益を考えずに、自分の好きなワインだけ揃えるので、すぐに潰れる。

愛好家のゴールは「自分でワインを造る」。ブドウを栽培してワインを醸造するのだけれど、ブドウを栽培するために、畑を借りなきゃいけない。ここで、質問。一人で手入れができるブドウ畑の面積は1ヘクタールといわれている。約1町歩（3000坪）だ。この広さの土地を借りる借地料は年間、どれくらいか？

中学校の私の2年先輩が、大阪の私の実家から徒歩5分の畑でブドウを栽培し、ワインを造っている。その先輩に畑を案内してもらいながら、いろいろ聞いた。畑には、デラウエアがキチンと植えてあって、手入れも行き届いている。先輩曰く、「この頃、農家の高齢化が進んで、ブドウ畑は放ったらかしになってる。せやから、誰かにブドウ畑を貸したい人がたくさんおるねん」。こんなにキレイな畑を借りるのにいくらかかるんだろう？

「年間の借地料？　そやなぁ、これと同じ条件の畑やったら、一町分で数万円。いや、多分、タダで貸してくれはるで」。えっ、タダ？　とビックリして訳を聞くと、「地主は高齢化で畑に出られへん。畑を放っとくと、雑草が生えるやろ。農地やったら固定資産税はタダ同然やけど、何も栽培してへんと税金が急に跳ね上がるんや」。

ブドウが収穫できる状態の畑をタダで借り、近くのワイナリーに醸造を委託すればワインは「簡単」にできるらしい。各都道府県には少なくとも1軒のワイナリーがあるが、高齢化による耕作放棄の畑が少なくないらしい。その気になれば、数百万円でワイナリーを立ち上げられる。ワイン愛好家の「ゴール」は意外に近い。

赤ワインのシミ抜き・最新版

2014年12月、ある飲食系月刊誌からインタビューを受けた。その雑誌で、ワインの「常識」が正しいか検証する特集を組むことになり、ワイン関係者からコメントをもらっているという。「なぜ、赤ワインの方が白よりエラいんですか？」「寝かせるとワインは美味くなるんですか？」など、いろいろ聞かれ、最後が、「赤ワインが白い服にこぼれたとき、どうすればシミになりませんか？」だった。

赤ワインのシミ対策は、ワイン好きには深刻。昔から世界中で広まっている赤ワインのシミ対策で圧倒的に有名なのが、「白ワインで洗う」「岩塩を擦り込んで、水洗いする」の2つだ。それらしく聞こえるし、フランス人やイタリア人が必ずこう言うので、レストランでも、実際にそうするところが多い。私も試したが、うまくシミが抜けたことがない。「白ワインや塩の種類が違うのかなぁ」と思っていたとき、ヒュー・ジョンソンという世界的なワインの評論家が本で、「シェービング・クリームを擦り込んで、水洗いするとキレイに取れる」

と書いていて、シェービング・クリームが意外だったので、頭の隅にこびりついた。友人が白いジーンズに赤ワインをこぼしたとき、それを思い出し、近くのコンビニへシェービング・クリームを買いに走った。実際に試したところ、気にならないほどシミが薄くなった。なので、月刊誌のインタビューで、「赤ワインのシミには、絶対にシェービング・クリームです」と大見得を切った。

で、1カ月後。インタビューが載った掲載誌が送られてきて、中を読んでビックリした。いろんな人から聞いた19の「赤ワイン対策法」を編集部で実際に試し、写真付きで「シミ抜き状況」を公開したのだ。最悪は、「白ワインで洗う」「岩塩を擦り込む」で、シミがよけい酷くなるとのこと。シェービング・クリームは「ふつう」で、「シミは薄くなるが青く残る」だった。最良は、「すぐに水で洗う」と「シミ抜き専用洗剤を使う」。

白ワインや塩は、ロマンチックながら効果がなく、水でジャブジャブ洗うという最もシンプルな方法が勝った。世の中、シンプルさに敵うものはない。

正義は安さにあり

スーパー・マーケットの入り口を一歩入ると、「レタス1個98円」のように、その日の超特価目玉商品が山積みにしてあったりする。それを見た瞬間、主婦の血管にアドレナリンが大量に流れ、血圧が300を超えて「お買い物スイッチ」が入るのだ。反対に、ワインショップの店頭の一番客の目につく場所に、「超お買い得、チリのシャルドネがなんと580円」と派手なポップと一緒に置いてあっても、素通りする人が多い。この「超廉価ワイン」こそ、お宝の山なのだ。

2007年、日本で食品偽装が大きな問題になった。偽高級食品を見破るのが困難なのは、自分の判断基準やセンスで物の良さを的確に判断するのが難しいためだ。どうしても、作った人や生産会社の名前で、良し悪しを決めてしまう。芸術品の場合はもっと激しくて、思い込みの効果と、評論家の意見に大影響を受ける。ピカソと署名が入っていて、鑑定家が「これは素晴らしい」と褒めれば、小学生の夏休みの宿題みたいな絵に、数千万円の値がつき、芸術性に溢れた素晴らしい絵でも、無名の画家の作品は、タダ同然になる。

ワインの原価は、ブドウの価格、借地代、労働コスト、ボトル、コルク、ラベル代、プラス、3割の利益を乗せても、高くて1本1500円ぐらいらしい。私に言わせれば、小売価格が3000円を超えれば、150万円でも中身は同じ。価格は需要と供給の関係で決まる。「高級ワインはラベルを見ながら、無名ワインは目隠しで飲む」のが基本だ。ワインショップの目玉商品も、「無名の達人画家」が描いた作品と同じで、物凄く美味い。

1本580円といえど、生産者のプライドがたっぷり詰まっている。日本の輸入代理店は、コスト・パフォーマンスのよいワインを求めて、世界中を駆け、自分の舌に懸けて、安くて美味いワインを見つけてくる。さらにワインショップは、そんなワインの中から、店の信用をかけて、お買い得品を厳選する。「安かろう、不味かろう」は絶対に許されないのだ。

ワインショップの店頭に並ぶ1000円以下の廉価版ワインには、たくさんの人の誇りが750㎖詰まっている。私は、そんなワインをいつもケース買いし、「このワインは、1本23万円のル・パンみたい」と妄想しながら飲んでいる。「正義は安さにあり」なのだ。

付録

ワイン用語辞典

ワイン用語辞典

記号説明

◇：ワイン通の常識用語。初心者が使っても違和感はない。

◎：プロ度の高い言葉。初心者は使い方に注意。一瞬だけサラッと登場させること。

▲：要注意のカッコ悪い用語。プロ、アマ問わず使わない方がよい。

穴：不作のためワインを造れなかったこと。「ヴィンテージに穴があく」と言う。

アペラシオン：ラベルに記載されたフランス・ワインの生産地の意味。今はフランス物に限らず、「このイタリア・ワインのアペラシオンはどこですか？」と聞く人も多い。人に対しても、「えっ、澄チャンのアペラシオンって尼崎なの？　オレ、住ノ江なんだ」と使う。【類語：AC】

泡：シャンパンの命。だから、まず、泡を褒めるのがプロ。「細かい泡ですね、たくさん泡が出ますね、ゆっくり出ますね」の3つが褒め言葉の基本。

泡もの：シャンパーニュやスパークリング・ワインを意味する業界用語。レストランで使うとハッタリ度抜群。【使用例：赤をたくさん飲んだので、泡ものにします】

イケム：貴腐ワインの最高峰、「シャトー・ディケム」のこと。単に「イケム」と言うと急にプロ度が高く聞こえるから不思議。

◎**一番**：「シェフ・ソムリエ」のこと。【使用例：銀座のロオジェの一番は中本さんだよ】

イッテる：酸化が進みすぎ、熟成の頂点を越えたワイン。「シェリー香が出ている」とも言う。これが好きな人も多い。【使用例：このシャンパーニュ、1年以上冷蔵庫に入れ忘れてたんで、イッテるかも】

ヴーヴ・クリコ：有名シャンパン生産者の一つ。親会社のルイ・ヴィトンのバッグとペアで広告に登場するため、スタイリッシュなイメージあり。通は「クリコ」と略す。レストランでオーダーを決めかねているとき、「とりあえず、クリコのノンヴィンをいただきます」なんて言えると、超カッコイイ。【関連語：NV】

◇**右岸**：ボルドーのサンテミリオンやポムロルなど、ドルドーニュ川右側のワイン。単に「右」と呼ぶこともある。コスト・パフォーマンスがよいし、渋みが少ないので、ブルゴーニュ愛好家が大好き。サンテミリオンやポムロルと言うより10倍カッコイイ。不思議なことに「左岸」はほとんど使わない。

◎**エアで引く**：航空便でワインを取り寄せること。

カーバ：スペイン貴族が、プライドとシャンパーニュへのライバル心を込めて造った優れもののスパークリング・ワイン。1000円台で、ブリュットと表示したカーバを箱買いすると、12日間、幸せな気持ちになる。【関連語：シャンパーニュ、スパークリング・ワイン】

果実味：「凝縮感」「複雑」とともに、試飲で通が好む3大用語。フルーティーと全く同じ意味だが、「果実味のあるワインですね」とコメントすると物凄くプロっぽく聞こえる。【類語：凝縮感、複雑】

キュヴェ：最高級特別限定版だよと威張っているワインに付く定番的な言葉。通常、その生産者の最高価格を表す。例えば、ドンペリの正式名称は、キュヴェ・ドン・ペリニヨン。

凝縮感：「果実味」「複雑」とともに、試飲で通が好んで口にする3大用語。「濃いワイン」ではなく、「凝縮感があるワイン」と言うとプロっぽい。【類語：果実味、複雑】

金魚鉢：1本分のワインが軽く入る巨大なワイングラスのこと。例えば、リーデル社のソムリエ・シリーズのブルゴーニュ・モデル。とても高価。

クープ型グラス：広口のシャンパーニュ・グラス。シャンパーニュの命である泡がすぐに消えるので、プロは嫌うが、大量のグラスに短時間で注げるので、結婚式の乾杯での定番。マリー・アントワネットの左の乳房で型を取ったとの説があり、さすが、シャンパーニュは官能のお酒。【反対語：フルート型グラス】

グラス・シャンパーニュ：ボトルではなく、グラス売りするシャンパーニュ。食前酒に最適。さりげなくオーダーできると、プロっぽい。

クリスタル：ルイ・ロデレール社の最高級シャンパーニュ。銀座のオネエサマの御用達。人気の秘密は、質の高さよりも美しい名前と、クリスタル・グラス製のスタイリッシュな透明ボトル。ロシアの皇帝が愛飲したことで有名。シャンパーニュのボトルは、必ず、底がくぼんでいるが、唯一の例外がこれ。暗殺を恐れた皇帝が、毒を隠せないよう底を平らにせよと命じた。【関連語：ドン・ペリニヨン】

クリュッグ：最も高価で、マニアっぽく、男臭いといわれる超高級シャンパーニュ。日本の俳優でいえば、渡辺謙的存在かも。フルボディーで、シェリー酒のような酸化した風味があるため、好き嫌いがはっきり分かれる。【反対語：テタンジェ】

クリュギスト：最高価格のシャンパーニュを造るクリュッグ社のものしか飲まない大富豪のこと。例えば、入院中でもガンガン飲んだエリザベス女王。

◎クロメニ：シャンパンの最高峰、クリュッグ社の「クロ・デュ・メニル」の略。「ドンペリ」や「ロマコン」という略称はカッコ悪いが、クロメニはなぜかプロ度が高く聞こえる。

しぶいちボトル：キャール・ボトル（187㎖）のこと。レギュラー・ボトルの「四分の一」であることからの名称。見かけるのは、機内でのサービングぐらい？

◎シャプタリ：「シャプタリザシオン」の略。アルコール度を上げるため、ブドウ・ジュースに砂糖を入れること。不自然に甘いワインを飲むと、プロは反射的に「シャプタリのやりすぎかもね」と言う。でも、砂糖はアルコールに変わるので、甘みは残らない。

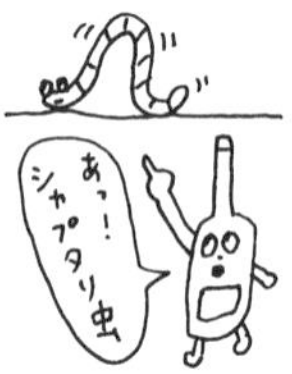

◇シャンパーニュ：シャンパンの正式名。日本では、「シャンパン」が主流なので、フランス風に「シャンパーニュ」と言うと、妙にプロっぽい。逆が「シャンペン」で、バブル・オヤジ風でカッコ悪い。【使用例：「では、シャンパーニュをグラスで下さるかしら」「それ、シャンペンのことでっか？」】

シャンパン：シャンパーニュ地方で造ったスパークリング・ワイン。ロマンスの必需品で、これで陥落したヨーロッパの美女は数知れず。ときどき、「カリフォルニア産シャンパン」なんて便乗物があり、大阪の寿司を「江戸前」と呼ぶのと同じで、レッド・カードを食らう。【関連語：スパークリング・ワイン】

熟成：若いワインが年を経て、大人っぽくなること。赤ワインは、色が薄くなり、渋みが少なくなり、コーヒー、紅茶、チョコレートの香りが出る。シャンパーニュの場合、泡が減り、色が濃くなり、ナッツ、蜂蜜、バターの風味が出て、極上の白ワインに近づく。一度、経験すると、全財産と時間を注ぎ込む禁断の味。

正直な：シンプルなワインのこと。人間の場合、正直は美

徳だが、複雑怪奇を喜ぶワイン界では、最大のけなし言葉。安ワインの別称。【類語：チャーミング】

白ブドウ：皮の白いブドウの総称。白ワインは白ブドウから造る。黒ブドウに比べ、エレガントで、スタイリッシュなイメージがある。

スパークリング・ワイン：泡の出るワインの総称。泡好きのプロは、ウィークデイは、辛口カーバを飲み、土曜日はシャンパーニュを飲むことが多い。【関連語：カーバ、シャンパーニュ】

セカンド：看板ワインの格落ちや若いブドウで造る「セカンド・ラベル」の略。看板ワインの雰囲気を半額以下で味わえるのがウリだけど、案外、高い。【使用例：シャトー・マルゴーなんて手が出ないんで、セカンドのパヴィヨン・ルージュにするか　⇒パヴィヨン・ルージュも十分高価なんですけど……】

◇セパージュ：ブドウの品種のこと。フランス語だが、世界中のワインに使う。かなりプロっぽい言葉。【使用例：このポルトガル・ワインのセパージュはなんですか？　⇒ポルトガル・ワインは、超マイナーな土着品種がめちゃくちゃ多いので、聞いても分からないし、覚えられないので要注意】

縦：垂直試飲の略。縦飲みともいう。同じ生産者の違うヴィンテージを試飲すること。ィンテージを試飲すること。集めるのが大変なので、「横」に比べると開催はかなり難しく、ワイン会のハイライト的な行事。有名シャトーの縦は、マドンナとのデートをキャン

セルしても参加すべし。【反対語：横】

チャーミング：ボディーが小さくて、可愛くまとまったワインのこと。有名生産者の良くないヴィンテージのワインによく使う。決して褒めてはいないことに注意。「気軽な」「フレッシュ・アンド・フルーティー」と組み合わせて使うことが多い。【類語：正直な】

テタンジェ：最もエレガントといわれるシャンパーニュ。クリュッグが三船敏郎なら、テタンジェはグレース・ケリー。お店で、"Taittinger"を「テタンジェ」と読めれば、超カッコイイ。【反対語：クリュッグ、ボランジェ】

トースト香：高級シャンパーニュに特徴的な香り。焼きたてパンの香ばしい匂い。高価なシャンパーニュを飲んだとき、無条件にこう言えば、ハッタリ度抜群。

ドン・ペリニヨン：ドンペリの正式名称。モエ・エ・シャンドン社のフラグシップ的シャンパーニュ。ケネディ大統領やマリリン・モンロー御用達。日本では、女子高生も知っているほど圧倒的な知名度を誇り、最も売れているため何かとジョークのネタになるが、品質は超一流だし、コスト・パフォーマンスも最高。なお、「ドンペリじゃなく、ドン・ペリニヨンと呼べ」と怒る長老もいるので、発音注意。【関連語：モエ・エ・シャンドン】

▲**ドンペリ**：モエ・エ・シャ

ンドン社の最高峰シャンパン、「キュヴェ・ドン・ペリニヨン」の略。素人くさく響くので注意。特に、ドンペリのロゼ（ピンク）を「ピンドン」と呼ぶのは教養まで疑われる。

箱：ワイン1ケースのこと。【使用例：DRCのモンラッシェが安かったんで箱で買ったんだ　⇒安いといっても新車のベンツが買える値段……】

◇**ハチロク**：ヴィンテージの読み方。1986年のことを通はこう呼ぶ。1990年は「キューゼロ」、2004年は「ゼロヨン」と呼ぶ。

複雑：「果実味」「凝縮感」と並び、プロが試飲でよく使う3大試飲用語。ワインの最高の褒め言葉。一歩間違うと「雑味がある」とけなされる。【類語：果実味、凝縮感、反対語：正直な、チャーミング】

ブラン・ド・ノワール：「黒の白」の意味。黒ブドウを皮の色が付かないようそーっと搾って造った白シャンパーニュ。男だけの歌舞伎みたいなもの。ボディーが大きく、プロっぽいイメージあり。高価で、希少価値も高い。【反対語：ブラン・ド・ブラン】

ブラン・ド・ブラン：「白の白」の意味。白ブドウだけで造るエレガントな白シャンパーニュ。女性だけの宝塚みたい。ブラン・ド・ノワールほどではないが、希少価値は高く、通の人気。【関連語：シャルドネ、反対語：ブラン・ド・ノワール】

フルート型グラス：縦長のシャンパン・グラス。泡がキレイに見えるので、プロ度は非常に高い。クープ型グラスと違い、これで飲むと、顔が天井を向くので、鼻毛のお手入れを忘れないこと。【反対語：クープ型グラス】

プレスティージ物：ドンペリやクリスタルみたいに、各生産者の最高級シャンパン。価格、希少価値とも最高で、とても威張っている。【関連語：クリスタル、ドン・ペリニヨン、NV】

フレッシュ・アンド・フルーティー：1200円以下のワインを褒めるときにプロが無条件に使う言葉。決して褒めていないことに注意。【類語：チャーミング】

並行物：並行輸入したワイン。フランス・ワインの場合、キャップシールのテッペンに緑の課税シールがあるのですぐに分かる。正規の代理店経由ではないので、搬送経路や保存状態を心配する人もいる。

ボトルむら：同じワインなのに、ボトルにより香りや味が違うこと。同じボトルが2本あれば、両方飲んで「ちょっとボトルむらがありますね」と無条件に言うとハッタリ抜群。

（ボトルむら）

ボランジェ：超名門シャンパン生産者。通好みの男臭いイメージあり。同社の宣伝部長は、ジェームズ・ボンドで、最近の007物に必ず登場する。【反対語：テタンジェ】

◇**ムートン**：ボルドーの（というより銀河系の）超名門、「シャトー・ムートン・ロートシルト」の略。1945年から、ラベルのデザインが毎年変わるため、記念年ワインの定番。彼女の誕生年ボトルを開けるのは、プロポーズの定石。また、1945年から最新ヴィンテージまで、全部を揃えるのがワイン・コレクターの王道。これには、数千万円かかる。

目減り：ワインが少しずつ蒸発すること。保存状態がよくても、1年で1㎜液面が落ちるといわれている。1本5000円以上の高級ワインの場合、生産年と比較して、目減りが不自然に多い場合は保存に問題があった可能性があり、要注意。

（目減り）

◇**モエ**：シャンパンの超巨大生産者、「モエ・エ・シャンドン社」の略。「大きいことはイイことだ」と枕詞をつけるのがお約束。

◇**有機農法**：化学肥料、人工的な除草剤や殺虫剤を使わない自然農法のこと。美味い、不味いにかかわらず、自然志向の強い日本で大人気。

横：違う生産者の同じヴィンテージのワインを試飲すること。【反対語：縦】

ランス：シャンパーニュ地方の中心都市。シャンパーニュのラベルに印刷してあることが多い。「Reims」を「ランス」と読めないフランス人も多く、奈良の「斑鳩」を「いかるが」と読めない日本人のようなもの。

ルイ・ロデレール：超一流のシャンパーニュ生産者。女性に人気のシャンパーニュ、クリスタルを造る。【関連語：クリスタル】

レンガ色：熟成が進んだ赤ワインの色合い。10年以上経った赤なら、無条件に「レンガ色がありますね」と言うとプロっぽい。「ガーネット色」とも言う。

ロゼ・シャンパーニュ：ピンク色のシャンパーニュ。ワインの場合、ロゼは、赤でも白でもないと、キュロット・スカート的にいじめられるが、ロゼ・シャンパーニュは、高級高価で、勝負ディナーの定番。これでダメなら、1カラットのダイヤモンドをプレゼントしてもダメ。

▲**ロマコン**：世界最高価格ワイン、「ロマネ・コンティ」の略。合コン、マザコン、ロマコンは、会話で使いすぎると教養と品位を疑われるので注意。

◇**AC**：「アペラシオン・コントロール」の略。ワインの本籍地という感じでサラリと使えるとカッコイイ。後に続く地域が狭くなるほど、高級高価になる。フランス語ながら、エーシーと読む。【使用例：これ、ただのACボルドーだけど、美味いよぉ】【類語：アペラシオン】

◇**DRC**：世界最高価格の赤、「ロマネ・コンティ」を造っている醸造所、「ドメーヌ・ド・ラ・ロマネ・コンティ」のこと。フランス語なのに、ディーアールシーと読む。「ドえ

らく、リッチな、カンパニー」の略でもある。【使用例：やっぱ、DRCのワインはどれも高いなぁ……】

◇**NV**：ワイン・リストで使う略号で、「ノン・ヴィンテージ」のこと。いろいろな年に収穫したブドウを混ぜているワインのこと。シャンパーニュの大部分がこれ。ワイン・リストでは、フランス語の略称、「SA（Sans Année）」と表記することもある。会話では「ノンヴィン」と言う。

◇**RP92**：ワイン界の帝王、ロバート・パーカーが「92点をつけたワイン」という意味。かつて、ワイン通が買って人に見せびらかしてよいのはRP90以上との不文律があった。【反対語：WS92】

TBA：夢見るように超甘いドイツのデザート・ワイン「トロッケンベーレンアウスレーゼ」の略記。とても高価なので、大富豪でないと一生縁がない。

VV：「ヴィエーユ・ヴィーニュ」の略。樹齢が40、50年を越えた古いブドウ樹で造ったワイン。人間国宝の長老集団のようなもので、生産量は少ないが、凝縮感のあるブドウができるため、ワイン愛好家が熱狂する。かなり高価。

◇**WS92**：世界最大発行部数のアメリカのワイン誌、「ワイン・スペクテイター」が「92点をつけたワイン」という意味。RPに比べ、神通力は皆無だが、RPの点数が低い場合、景気付けとしてワイン・リストに載る。【反対語：RP92】

おわりに

ワインは、オシャレなお酒なので、スタイリッシュな女性雑誌やテレビでも華やかに取り上げている。でも、「アルコールの消費量」の視点で見ると、お酒全体の3％にも満たない。消費が2倍になっても、たった5％というトホホな状態だが、逆に「伸びしろ」は非常に大きい。

ワインは、目から口へ到達するのに時間がかかる「話題先行型」のお酒だ。専門誌、書籍をはじめ、ソムリエやワインショップの店員まで、必ず、「気軽に飲んで」と言うが、やはり、ハードルは物凄く高い。飲み手側が勝手に作り出した「ワインに対する気後れ」や「恐怖心」が、「気軽さ」をなくしているのだ。「気後れ」と「恐怖心」さえなくなれば、Before と After でワインの知識や経験が全く変わらなくても、精神的に余裕ができてワインを楽しめる。

本書を1時間で読み、明日の「本番」で役に立てば幸いである。

映画を見たり、ミステリーを読む場合、「物凄く良かったなぁ」とか「宣伝倒れでつまらなかったな。金返せよ、まったく」と自分の感じたまま、好き嫌いを判断している。なのに、ワインだけは、「知識がない」→「自分の味覚に自信がない」→「プロの意見に従う」となり、好き嫌いを他人に判断してもらっている人が非常に多い。根拠があろうがなかろうが、自信を持つことは非常に重要。価格に関係なく美味しい・不味いを堂々と自分の判断基準と言葉で言えるようになると、こうなれば、「ワイン道」は黒帯。楽しいワイン生活にドップリと首まで浸かってほしい（でも、ハマりすぎて、財政破綻しないように）。

最後に、お忙しい中、快く本書をチェックしていただき、貴重なコメント、ご指摘をいただいた柳忠之さん、名越康子さん、諸澤光治さん、内池直人さん、日向涼子さん、山田亮一さん、武田充さんに、サロン1996年1ケース分の感謝を表したい。

私は、猫も驚く怠け者で、原稿を書くよりワイン会やパーティーで大量にワインを飲むことを優先させている。そんな私の尻を叩いていただいたポプラ社の編集者、三原さんには、ロマネ・コンティ１９８５年が無限に出る「魔法の蛇口」を差し上げたいほど、お礼を申し上げる。繊細な三原さんと、ガサツで、ガラッパチで、ガラの悪い私がタッグを組んだのが本書だ。アクの強さの中に、エレガントで品のある本に仕上がっている（と思う）。本書により、ワインへの恐怖心が少しでも軽くなれば、これに勝る幸せはない。

新書版へのあとがき（という名のコラム）

本書の単行本版第1刷が出たのが2009年のこと。ワイン漫画『神の雫』や自然派ワインに端を発した第7次ワインブームの始まりがこの年らしい。2009年は、私のワイン人生で最も激動の年だった。ジェットコースターに乗って、8848メートルのエヴェレストの山頂から深度10911メートルのマリアナ海溝まで潜り、再び東京スカイツリーの展望台へ上った感じか。この「激動の葉山ワイン劇場2009年」を時系列的に記す。

＊

まず3月、世界最古のシャンパーニュを試飲した。3月5日、雪化粧の成田空港からフランスのエペルネに飛び、現存する最古のシャンパーニュとしてギネス・ブックに載っているペリエ・ジュエ1825を試飲。自分の誕生年のワインさえ飲んだことがないのに、一挙に200年近く前の文政8年の泡を飲んだのだ。もちろん、泡はなかったが、フルーツ・コンポートを液体にしたような濃密な味わいが素晴らしい。同席の著名ワイン・ジャーナリストたちは、口々に、「私たちは歴史を飲んでいる」と感動していた。

その前日のディナー@地下カーブで出た「ミカン大トリュフのそのままパイ包み」にも超級ビックリした。ひたすら、シャンパーニュとトリュフにまみれた2日間であり、人生最良の2日だった。思い出すたびに、鼻にシャンパーニュの熟成香とトリュフの官能的な香りが甦り、いつでもご飯が3杯食える。こんな経験のあとは地獄へ落ちるしかない。

6月のある日、「思い出しトリュフ」をしていると、超有名ワイン漫画『神の雫』の原作者から電話があり、「週刊モーニング」に連載中の『神の雫』の後に載せる1ページのコラムを書きませんか？」との打診があった。もちろん、「書きます、毎日でも書きます」と返事し、7月からワイン・ライターの藤﨑さんと1週ずつ交代で担当することになった。

漫画は、単行本が出るので印税もがっぽり稼げるぞと大喜びしていたら、講談社の編集者から、「単行本に葉山さんのコラムを収録しますが、印税支払いはありません」とキッパリ言われ、かなりがっかり。いやいや、超有名漫画のコラム連載で私の知名度が上がり、超マニアックなワイン専門誌のコラムニストから一般雑誌へ華麗にデビューできるぞぉ、新聞、テレビ、雑誌から執筆、出演依頼が団体バスでやってくる……と期待したが、3年経っても戸越銀座商店街からもお声がかからない。かかるのは飲み代ばかりというトホホな状態となった。

猛暑が落ち着いた9月、ワイン専門誌、『ヴィノテーク』でのコラム連載がついに100回を迎えた。1980年に創立した日本初のワイン専門誌が『ヴィノテーク』誌で、私は1999年からコラムを連載している。それがついに100回を迎えたのだ。ミュージカル、演奏・公演、野球の出場記録なら、誰かが音頭を取って100回記念をサプライズで盛大にお祝いしてくれ、花束をもらえるはずだが、私の場合、どこからも、誰からも、猫からも、「おめでとう」の声はかからない。これこそ、サプライズだった。零細物書きは、全て自分のことは自分でしなきゃと、同コラムで、「今回、無事100号を迎えることができました。これも、皆様のおかげです。これを通過点に200号を目指します」と井戸の呼び水的に書いたが、反応なし。グレてやろうと思った12月、ポプラ社から『30分で一生使えるワイン術』を上梓した。これが、本新書の元になった。

同書は120ページと小振りながら出版まで1年以上かかった。遅れの原因は、「タコ焼き食って美女とシャンパーニュ会」で山賊の酒盛り的などんちゃん騒ぎを繰り返し、原稿を書かない私にあった。ヴィノテーク誌の鬼編集長は、私が原稿を送ると、「面白くない。書き直し」という「小学3年生宛て電報メール」を送信するが、ポプラ社の担当編集三原嬢の原稿催促メールは異常に丁寧。「桜の蕾もほころび始め、春らしい季節になりました」と時候の挨拶の後、「よろしければ、原稿を拝見させていただきたく……」と私を人間扱いしてくれた。これに甘え、3ヵ月で仕上がるはずが、「蟬の声が賑やかに」「紅葉も美しくなり」「初雪のニュースも」と12ヵ月以上かかった。その三原さんの熱意の結晶が書籍となり、2009年のクリスマス直前に書店に並んだ。

＊

2009年を振り返ると、2015年はワインの一般化が圧倒的に進んだ年だということを痛感する。当時ワインは、まだまだ「デートの席でのオシャレな飲み物」で、どうすればレストランで恥をかかないか、どうすればカッコよく振る舞えるかに人々の興味があったが、今では「食事とともに気軽に飲むお酒」になり、安くて美味いワインはどれか、食事にどのワインが合うかを気にする人が増えた。これは、ワインの知識や経験が増えたこと以上に、ワインから受ける威圧感や恐怖感が激減したことが大きいように思う。『源氏物語』を「品格のある超難解な古典文学作品」と思って遠巻きにしていた人たちが、「光源氏っていう日本一のプレイボーイの恋愛遍歴エピソード集」と考えて気軽に読む感じだろう。

２００９年ごろ、オシャレな百貨店やワインショップでしかワインは買えなかったが、今では、スーパーマーケットだけでなく、コンビニエンス・ストアでも普通に並んでいて、会社帰りのオシャレなおねえさんが『FIGARO Japon』と焼豚炒飯を買ったついでに、チリ産シャルドネをヒョイと買い物かごに入れていたりする。ワイン専門誌の特集でも、昔は「ボルドー5大シャトーを飲み比べる」とか「ブルゴーニュのグラン・クリュ街道を行く」みたいな「庶民に夢を見せましょう」風の記事が多かったが、今は、「２０００円以下のお値打ちワインはこれだ」や「日帰りで行ける日本のワイナリー案内」のように、日常の特集が急増した。当時は「ワイン界の流行語大賞」だった「自然派ワイン」もごく普通の言葉になって、今では新聞でも見かける。10年前、ワインショップの広告やワイン愛好家のブログには、「このワインはパーカー・ポイントが93点だよ」などの記述が目立ち、ワインの帝王、ロバート・パーカーの評価が絶対視されていたが、今では自分の評価を書く人が増えただけでなく、「これで93点とは納得がいきません」とパーカーを逆評価する人もいて、飲み手の大進化を痛感している。

家庭の食卓で普通にワインを見かけるようになったのは嬉しい限りだ。私の理想は、サラリーマンが「今日は給料前で懐具合が寒いから、ワインを飲みに行くか」とワイン・バーへ出かけるようになること。また、ワインだけでなく、食事とともに、ビール、日本酒、焼酎、スコッチ、ブランデーなど、いろいろなお酒を総合的に楽しむ文化ができればいいと思っている。そんな動きに、本書がすこしでも貢献できればこれに勝る喜びはない。

新書版では、ヴィンテージ・チャートを更新し、新しいコラムを9本追加した。新書の出版にあたり、三原さんの情熱を引き継いだ浅井さんには大変お世話になった。浅井さんは、三原さんの隣の席にいて、「葉山さんは日本で3番目の怠け者だわね」とキチンと学習されていたようで、「この日までに、追加コラムを書いて下さい」と厳しく催促を受けた。おかげで、ボージョレ・ヌーヴォー解禁前に本書が書店に並ぶこととなった次第である。浅井さんには（三原さんにも）、ボランジェＲＤ１ケース分の感謝を表したい。

２０１５年10月

葉山考太郎

本書は、２００９年12月にポプラ社より刊行された単行本『30分で一生使えるワイン術』に加筆・修正をして、新書化した作品です。

葉山考太郎
はやま・こうたろう

シャンパーニュとブルゴーニュを愛するワイン・ライター。ワインの年間飲酒量は400リットル超。ワイン専門誌『ヴィノテーク』（ヴィノテーク）、漫画『神の雫』（講談社）等に軽妙なコラムを執筆。日本で初めてワインの世界に笑いを持ち込んだ。ロバート・パーカー、ヒュー・ジョンソン等のワイン評論家、ニコラ・ジョリー、アンジェロ・ガイヤをはじめとする生産者など、世界の著名なワイン関係者数十人にインタビューの経験を持つ。ワイン業界と利害関係がないため、思ったことを遠慮せずにそのままズバズバ書けるのが強み。今まで最も感動したワインは、2009年3月にペリエ・ジュエ社の招待で飲んだギネスブック認定の世界最古のシャンパーニュ（1825年=文政8年）。主な著書は、『ワイン道』『シャンパンの教え』『辛口／軽口ワイン辞典』（いずれも日経BP社）、『偏愛ワイン録』『クイズでワイン通』『クイズワイン王』『今夜使えるワインの小ネタ』（いずれも講談社）、訳書に、『パリスの審判』（日経BP社）『ブルゴーニュワイン大全』（白水社）がある。

ポプラ新書
073
30分で一生使えるワイン術
2015年11月2日 第1刷発行
2015年11月25日 第2刷
著者
葉山考太郎
イラスト
中村 隆
発行者
奥村 傳
編集
浅井四葉
発行所
株式会社 ポプラ社
〒160-8565 東京都新宿区大京町22-1
電話 03-3305-2212(営業) 03-3357-2305(編集) 0120-666-553(お客様相談室)
振替 00140-3-149271
一般書編集局ホームページ http://www.webasta.jp/
ブックデザイン
鈴木成一デザイン室
印刷・製本
図書印刷株式会社

N.D.C.588/206P/18cm ISBN978-4-591-14774-0

生きるとは共に未来を語ること　共に希望を語ること

昭和二十二年、ポプラ社は、戦後の荒廃した東京の焼け跡を目のあたりにし、次の世代の日本を創るべき子どもたちが、ポプラ（白楊）の樹のように、まっすぐにすくすくと成長することを願って、児童図書専門出版社として創業いたしました。

創業以来、すでに六十六年の歳月が経ち、何人たりとも予測できない不透明な世界が出現してしまいました。

この未曾有の混迷と閉塞感におおいつくされた日本の現状を鑑みるにつけ、私どもは出版人としていかなる国家像、いかなる日本人像、そしてグローバル化しボーダレス化した世界的状況の裡で、いかなる人類像を創造しなければならないかという、大命題に応えるべく、強靭な志をもち、共に未来を語り共に希望を語りあえる状況を創ることこそ、私どもに課せられた最大の使命だと考えます。

ポプラ社は創業の原点にもどり、人々がすこやかにすくすくと、生きる喜びを感じられる世界を実現させることに希いと祈りをこめて、ここにポプラ新書を創刊するものです。

未来への挑戦！

平成二十五年　九月吉日　　株式会社ポプラ社